天才 青山二郎の眼力

Aoyama Jiro

白洲信哉 編

新潮社

とんぼの本

天才 青山二郎の眼力

目次

上部の文様および右頁下の絵は、どちらも、青山二郎による、装幀のための原画より

I 青山二郎とは何者か？

20歳の頃の青山二郎。その大きくて純粋な眼が、やきものも人間も、本物を見抜いた

白洲正子に「韋駄天お正」と命名し、宇野千代に「最も善く出来た田舎者」と冠した男。小林秀雄が「僕たちは秀才だが、あいつだけは天才だ」と舌を巻いた男。稀代の眼利きと評され、やきものを弄り、絵を描き、本を装幀したけれど、どれもが「余技」であり、生涯、仕事を持たなかった男。青山二郎とは、いったい、何者だったのか。

左頁は、さまざまな表情を見せるジィちゃんこと青山二郎。すべて、新潟の知人、石﨑重郎宅にて

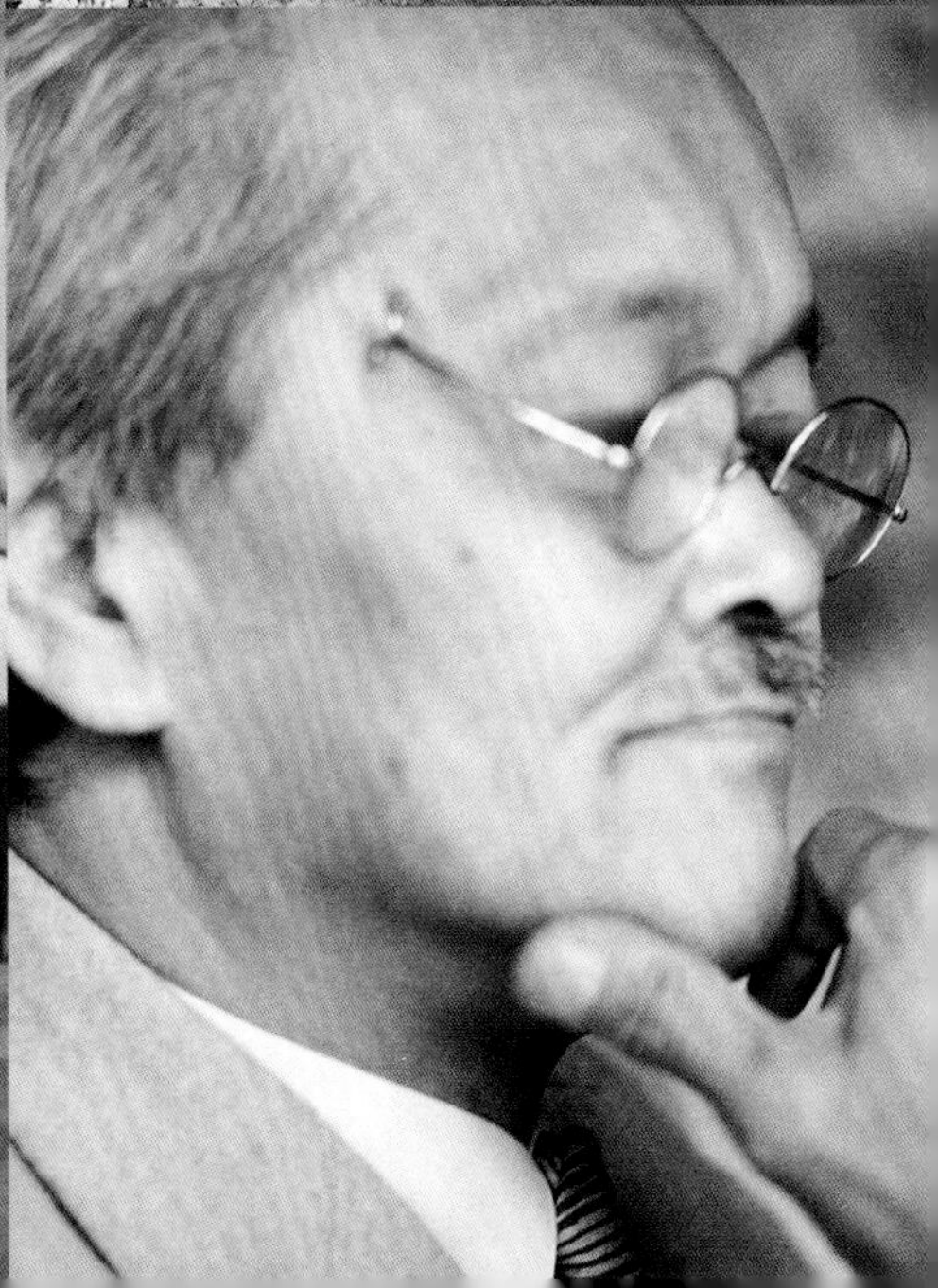

青山二郎、という名を聞いて、何をイメージするだろう。あの小林秀雄や白洲正子に骨董を教えたひと、といえば一番ピンとくるかもしれない。

ジィちゃんこと青山二郎（ジロウだからジィちゃん、と呼ばれていたという説が有力である）は、眼利きでやきもの好きだから、骨董屋と誤解されることもあったし、魯山人や唐九郎らと付き合い、鉄斎や梅原龍三郎、ピカソまで論じたから、文筆家か美術評論家なのだろうと思われたし、手の込んだ美しい本を手がけていたから、装幀家という肩書きをつけられることもあった。しかしジィちゃんにとってはすべてが「余技」であり、生涯、職業というものを持たなかった。

四十年近くにわたって親しかった宇野千代は、「不思議なことであるが、青山さんには、これと言った仕事はない。いや、仕事と好きなことをするのとの区別がない。（中略）一体に、青山さんのしていることは、それが本気であっても、面白半分に見える。ひょっとしたら、愉しいことだけしか、しないからかも知れない。何かに規制されてする、義務的にする、と言うことはないように見える。いや、ひょっとしたら、そう言うことも、青山さんの手にかかると、面白いことをしているように、変って見えるのかも知れない」（「青山二郎の話」）と書いた。

陶磁器を手元に置いて日がな眺めていたり、風呂に入って好きなやきものを石鹼でごしごし洗ったり、タイルの壁に墨で何やら数字を書いて考え込んでいたり。

畸人とも変人とも言われた青山を、親友の河上徹太郎は、「彼のように美しい倦怠家を私は知らない。（中略）倦怠は怠惰とは違う。時にその正反対である。青山ほど勤勉に退屈している者はない」（「青山二郎のこと」）と敬愛した。

最後の愛弟子である白洲正子は青山に、最初は約束を何度もすっぽかされ、心血注いだ文章を「こんな説明は不必要だ」「形容詞が多すぎる」とズタズタに削られ、毎夜連れまわされて胃潰瘍で倒れ、著書『私の芸術家訪問記』のあとがきでは「畳の目をふん張つた足が左右に滑べる」テリアとまで書かれた。それでも白洲は、青山を「畸人」とは思わなかったし、「何物にもとらわれず、自由に生き」、「純粋な眼で本物を直視」（「いまなぜ青山二郎なのか」）するジィちゃんに引き寄せられた。「生涯を通じて何もせず、何も遺さず、『数奇』に命を賭けたといっても過言ではないと思う」（「何者でもない人生　青山二郎」）という白洲正子の言葉が、ジィちゃんの人生を端的に語っている。

青山二郎は一九〇一（明治三十四）年、東京市麻布区新広尾町（現港区）に生まれた。フランスの香水「ゲラン・ミツコ」の名の主であり、ウィーン社交界で名を馳せたクーデンホーフ・カレルギー伯爵夫人の青山光子は、母きんのいとこにあたる。婿養子だった父八郎右衛門の代に古川の護岸工事で地所を拡大、青山家は大地主となった。次男の二郎は、幼い頃から母に溺愛されて育つ。小学校時代には水泳をよくし、中学生になると、絵画に興味を持ち始め、映画館にも通い詰めた。この頃からすでに古美術に関心を持ち、骨董商に出入りする。

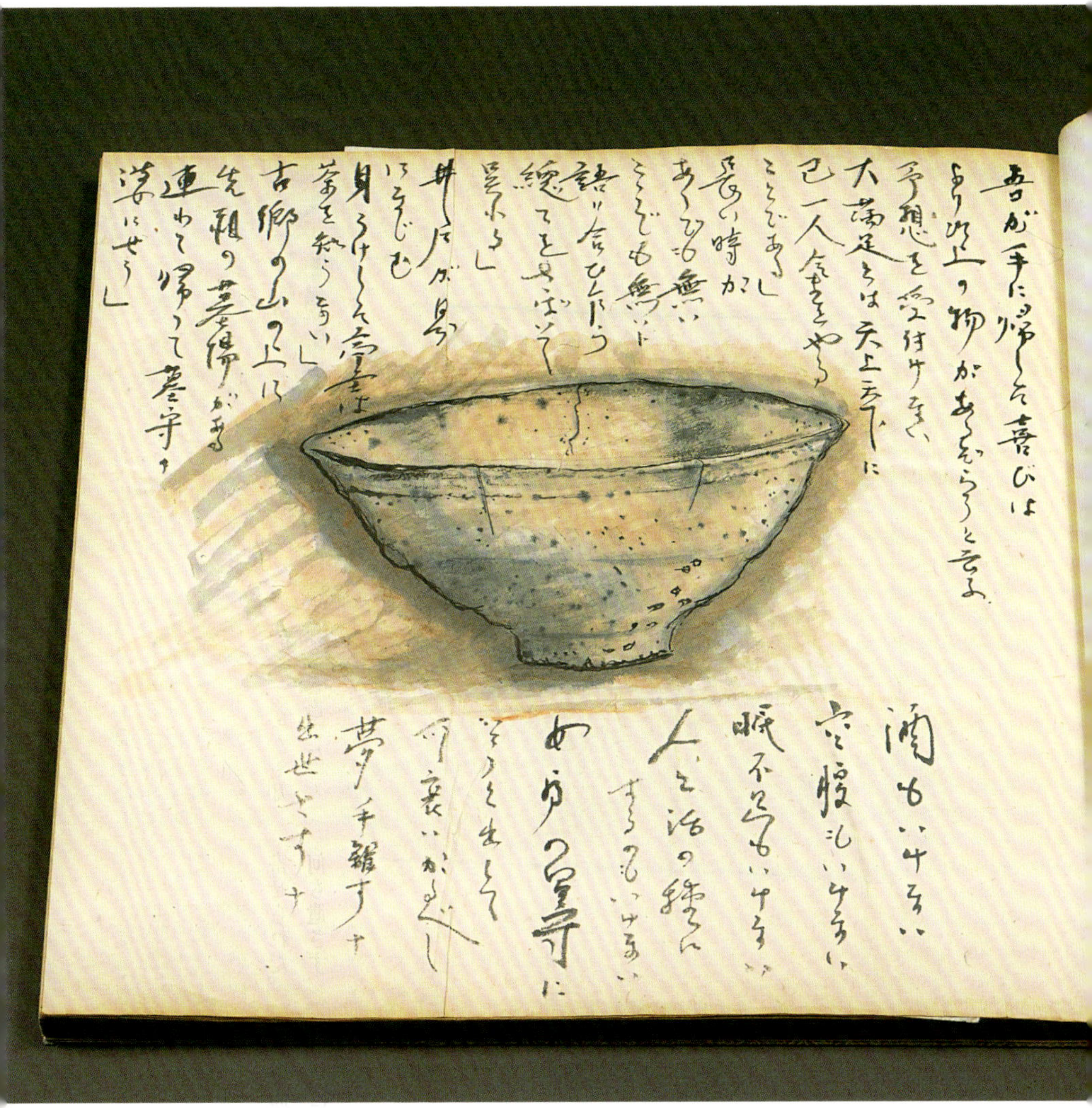

昭和17年夏、疎開中の伊東で青山が描いた、井戸茶碗の絵。『愛陶品目録』と称する和綴じ仕立ての中面に描かれたもの。「これだけは生涯持っていたい」と念じたのだろう、茶碗のまわりには、「女房の留守に／そつと出して／可哀いがるべし／夢手離すナ／出世さすナ」などと書かれている

まだ十六、七歳の青山が、当時はごく限られた数奇者しか知らなかったような宋鈞窯の盃を、いきなり買ったという逸話はあまりに有名だ。その「天才的な審美眼」を持つ青年青山二郎の名は、壺中居初代の広田不孤斎はじめ、中国古陶磁の大コレクター横河民輔や倉橋藤治郎など一流の愛陶家たちに、広く知れ渡るのであった。朝鮮工芸の浅川伯教、巧兄弟や民芸の柳宗悦らとの交わりも多彩に展開。青山は、それまで茶道具一辺倒だった古美術界に、新風を吹き込んだのである。

　青山の鑑識眼は、骨董ばかりでなく、友人にも鋭く見開かれた。

「焼物を見て、こくのある、味の強い、何と言うか漸進的に迫って来るようなものがあると、これは後期印象派だと言っていた。人間を見るにも、である。青山二郎の傾向と言うものがそうであった。（中略）青山二郎の好んで近づいた人の中には、そう言う人があった。欠けていても、破片になったような人でも、強い、迫って来るようなものがあると、惹かれて行ったのではなかったか」（「青山二郎の話」）。宇野千代は、青山の友人との付き合いについて、的確に描写している。

昭和21〜22年頃、伊東の自宅での青山二郎。つねに手元にやきものがあった

　青山のもとには、小林秀雄、河上徹太郎、永井龍男、中原中也、大岡昇平ら青年文士たちが夜ごと集い、酒を飲み、議論を戦わせた。それは「青山学院」と呼ばれ、けんか腰で絡み、衝突しては互いに揉みあう道場のようなものだったという。

　なかでも青山と小林秀雄の友情は、特別なものだった。二人は大勢の友達に囲まれて「高級漫才」を繰り広げたという。先に絡むのは青山で、「オイ、小林、お前の文章はダメだぞ」云々と、執念深くいじめる。おとなしく受け答えしていた小林はそのうち黙り込み、涙を流した。「私は何度も小林さんが涙をこぼすのを見ている。青山さんだけが、小林さんを泣かすことができたのだ」（「いまなぜ青山二郎なのか」）と、「青山学院」の末っ子、白洲正子が述懐する。

「青山学院」には、作家たちばかりでな

伊万里の蕎麦猪口類。5客揃いで自作の紙箱にきっちりと収め、晩年暮らしたビラ・ビアンカでの日常に愛用した

右は、右から青山二郎、小林秀雄、今日出海。昭和32年。左は同じく昭和32年のスナップ。左から2人目が白洲正子。右から2人目の青山は、かなり眠そうだ

く、ゲイバーのマダムやバーテンダー、板前や植木屋や魚屋も集まった。青山は「その貧富の差、徳操の有無に拘泥せず、どの人々に対しても一視同仁、終始一貫して、公平で」（「青山二郎の話」）あったと宇野千代は言う。白洲正子は、「彼らはみな叩けば音のする人たちで、人生経験では、私の遠く及ばないものを身につけていた」（「何者でもない人生　青山二郎」）と振り返る。

「わかるなんてやさしいことだ。むずかしいのはすることだ。やってみせてごらん。美しいものを作ってみな。できねえだろう、この馬鹿野郎」「ほら、コップでもピンと音がするだろう。叩けば音が出るものが、文章なんだ。人間だって同じことだ。音がしないような奴を、俺は信用せん」（同前）。ジィちゃんにかかったら、ごまかしはきかない。どんな人間に対しても、その眼はつねに公平だった。そして「相手が人間であれ、焼きものであれ、とことんまでつき合うのがジィちゃんであった」（同前）。

「自分は日本の文化を生きているのだ」が口癖だった青山二郎は、骨董をじっくり弄り回して愛し、友人たちの本のために時間もお金も度外視して装幀を手がけ、油絵を一枚百日かけて描き、カメラを手にすれば何百枚でもシャッターを切った。すべては「余技」だからこそ、とことんまで美を求めたのである。

「美なんていうのは、狐つきみたいなものだ。空中をふわふわ浮いている夢にすぎない。ただ、美しいものがあるだけだ」（同前）。ジィちゃんはそう語ったという。そこにある美を発見しようと見開いた大きな眼は、生涯濁ることはなかった。「何者でもない」ジィちゃんは、一生を美の発見に費やした「美の放浪者」であった。

B4判の和紙を紐で綴じた「日記帳」。昭和8年、青山の手になる大輪の牡丹の絵が表紙。中身は借金の覚書だ

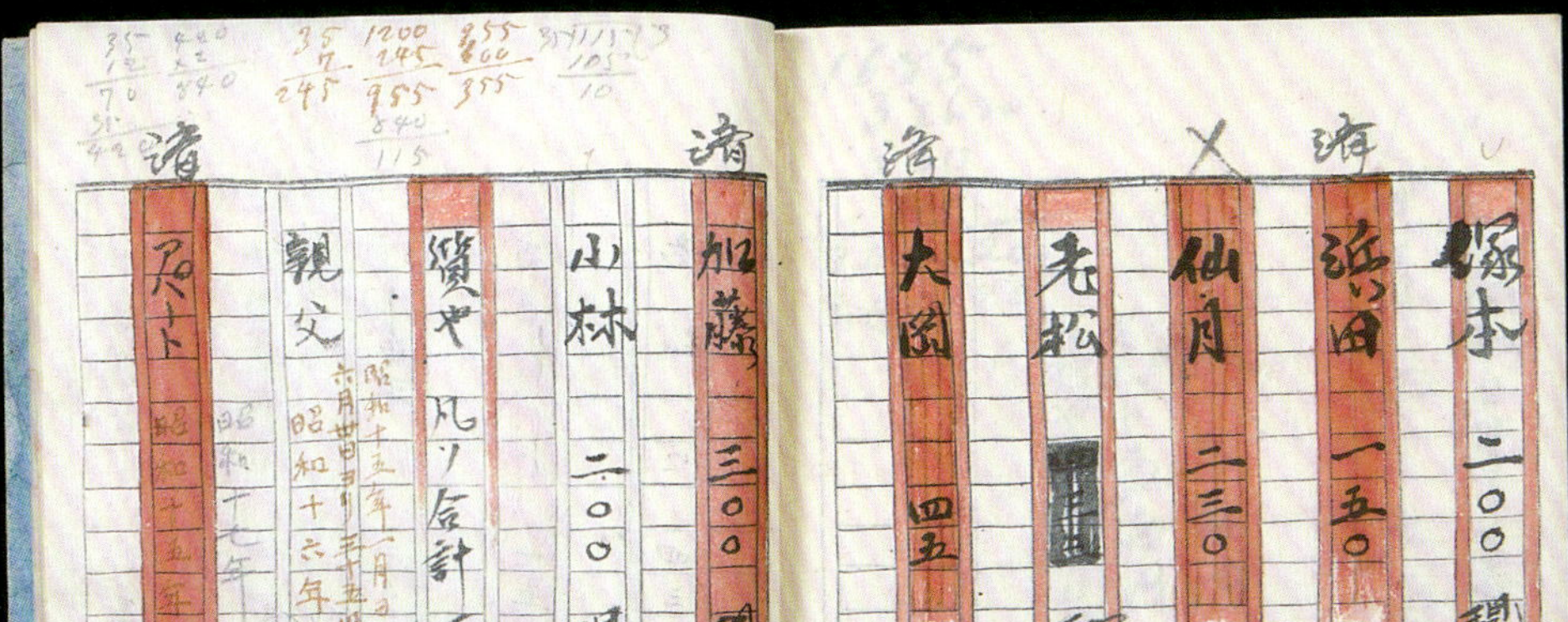

分厚い和綴じの帳面「雑記」の中面。上はヨットなどの淡彩画と詩篇、下はやはり借金の覚書。支払い済みは赤く彩るなど、凝り性のジィちゃんらしい

骨董弄りは女道楽より高級でも下等でもない。そう言った青山は、惚れ込んで手に入れても、新鮮味を失えば手放した。だが、この李朝井戸徳利（81頁参照）は、ずっと傍に置きたかったのではないか。『愛陶品目録』には、情熱の炎に包まれたように描写されている

II 骨董誕生

茶道具ばかりだった古美術界に、青山二郎という若き天才鑑定家が鮮烈にデビュー。中国古陶磁の「鑑賞陶器」から、朝鮮・李朝のやきもの、初期民芸、そして日本の骨董へと、青山の眼は、決して一つのところに固定することなく、自由自在に動き回った。百万もの中からたった一つを見出す眼力が、新しい骨董の世界を誕生させたのである。

酒の德利として
茶碗のやうに
尊い
それ故に
李朝白磁
の德利
そして
鑑賞される
出来栄を有す
茶の名にふさはしく残される
名器の数々

北燒では
瓦等を穴
に残し
南澤では
樹に倍えて
中り落ち
李澤

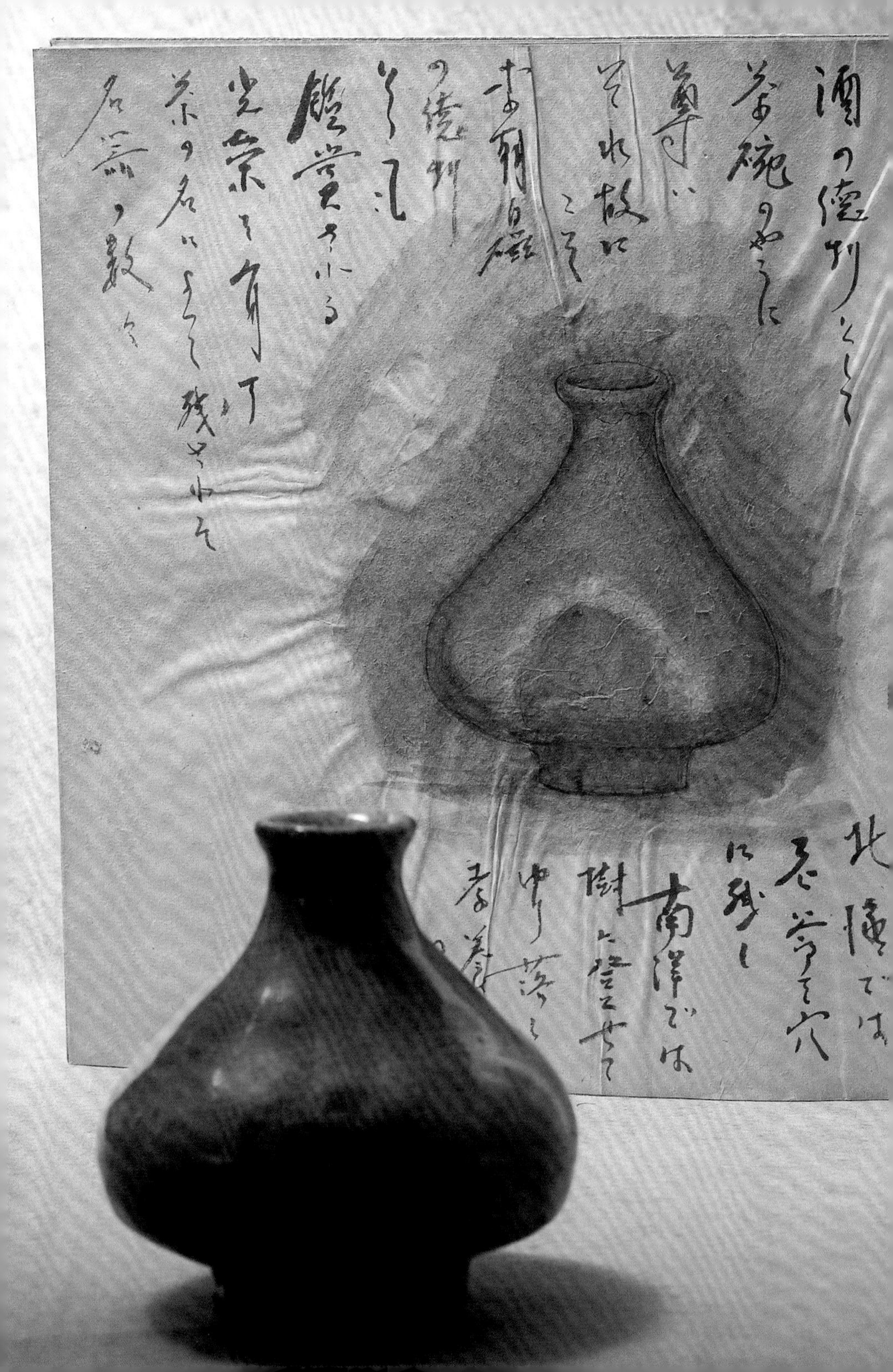

「先づ支那に入門するべし」

中国古陶磁

稀代の眼利きといわれる青山二郎の誕生には、伝説のように語られる逸話がある。壺中居の創業者、不孤斎広田松繁が繭山龍泉堂の番頭をつとめていた大正六、七年頃の話である。たびたび龍泉堂を訪れていた青山二郎は、ある日、店主の繭山松太郎が北京から送ってきた疵物の宋鈞窯の水盤を買っていったという。

青山は既に当時から古陶磁に対して天才的な審美眼をもっていた、と不孤斎はその自伝『歩いた道』の中で驚嘆している。不孤斎が「天才的な審美眼」と驚き称えるくらいだから、その宋鈞窯の水盤はよほどの名品であったろう。十六、七歳の少年が、中国陶磁の逸品を見出したということ、さらにそれが疵物にもかかわらず入手するという、既成価値にとらわれない眼の持ち主であることに、不孤斎は驚いたのだ。

その当時日本では、「鑑賞陶器」という言葉が生まれつつあった。それまで、茶道具としての陶器だけが評価されてきたのだが、純粋にその美を鑑賞して楽しむやきものを評価しようという気運が高まっていた。とくに中国の漢や唐、宋、明の陶磁器が新たに脚光を浴び始め、陶磁器の世界に新風が吹き込まれた。そうした時代の動きを背景に、若き青山の眼は、中国のやきものにまず開かれたのである。

「先づ支那に入門するべし」（「朝鮮考」）。

次々と優品が将来された時期、世界に通用する中国古陶磁の本格的なやきものとしての力量の高さを肌で感じ、知ることから、青山独自の骨董世界が幕を開けた。

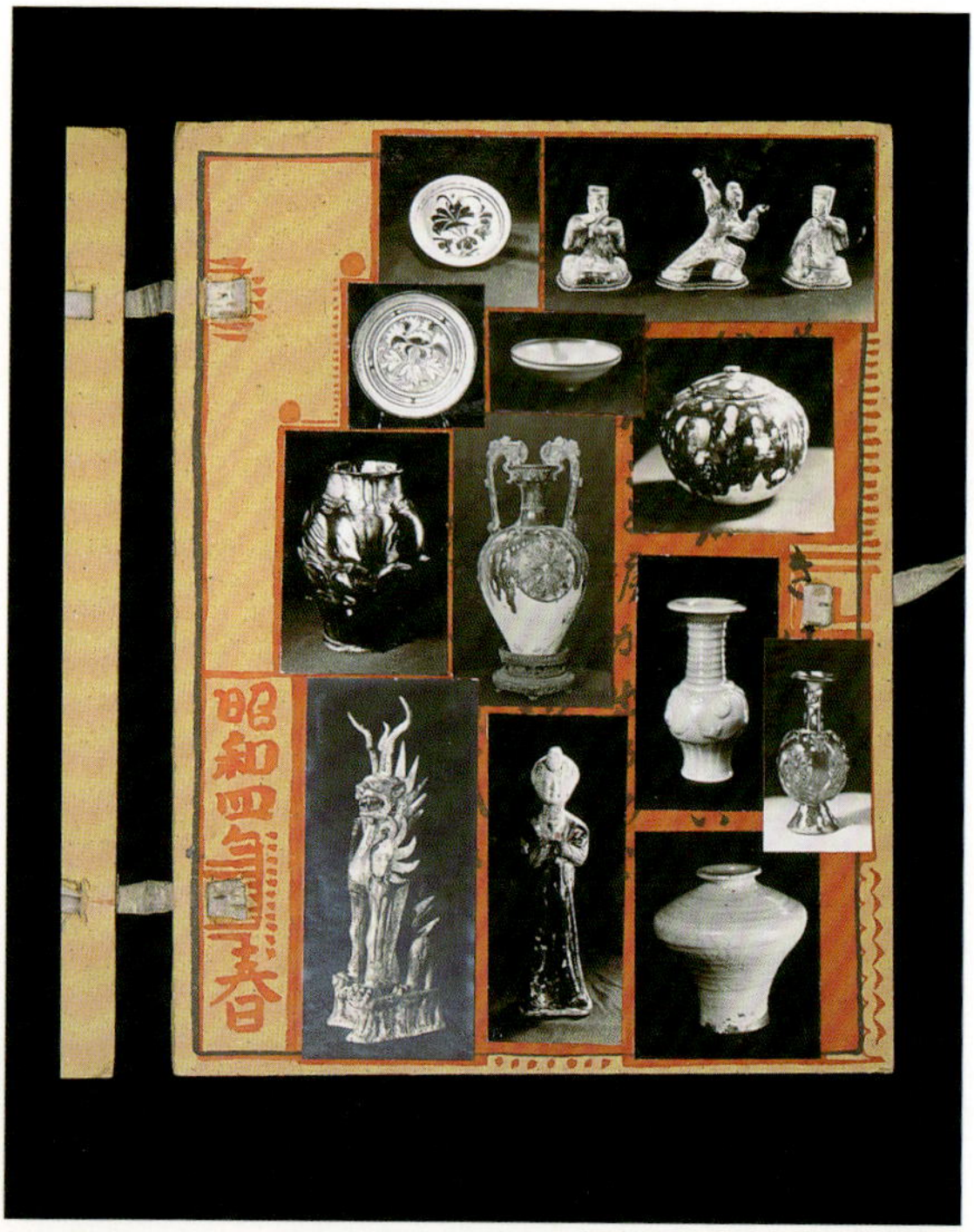

青山が『甌香譜』の残りの陶器図版を使い、手作りした図録（次頁が表紙で、左は裏表紙）。赤を基調に、多彩な文様を配した鮮やかなデザインだ

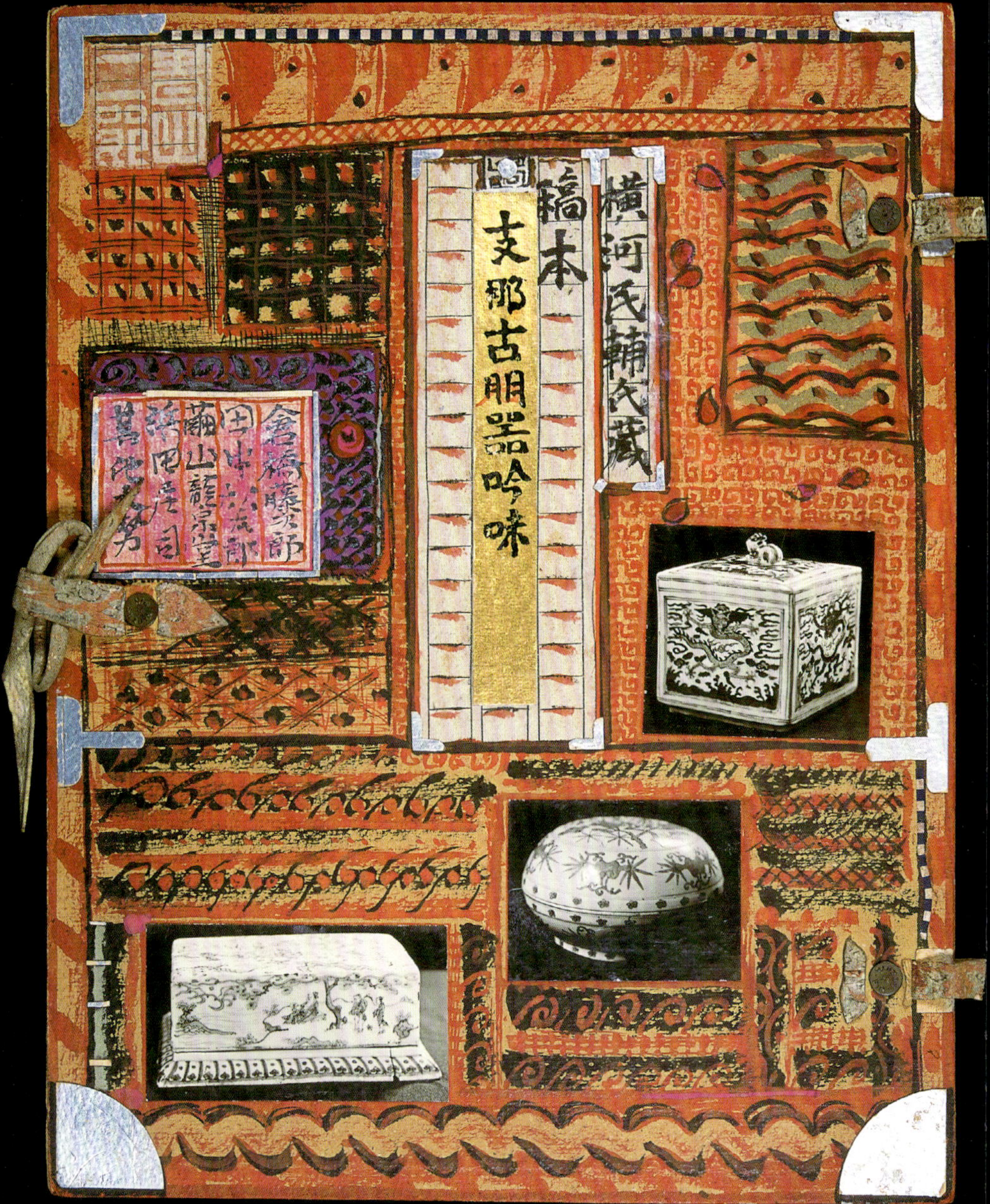
稿本
支那古明器吟味
横河民輔氏蔵

鑑賞家の度胸で『甌香譜』出版

昭和二年、中国陶磁蒐集の第一人者である横河民輔は、その膨大なコレクションの図録を制作するにあたり、編集者に弱冠二十六歳の青山二郎を抜擢した。青山いわく、一万点ものコレクションからまず数百点を厳選、最終的に六十点を選び抜き、四年もの歳月をかけて、昭和六年に『甌香譜』を完成させる。二百部限定で頒価五十円と、当時としては超特級の豪華版だ。

「初めは鑑賞家の度胸だけで引受けた図譜だつたが、沢山に物を見たのは格別な事だつた」（「鑑賞家の度胸で」）と青山は言う。その労作の校正刷りには、一つの作品を観察し研究し尽くした記録が細かに残されている。

「明三彩ギャレナ風蓮弁明壺」と記された壺は、口辺や肩、胴の蓮弁の部分などに細かく切り分けた原色版を付し、「この蓮弁の仕事振りだけを見ては誰しもこの壺を宋と言つてやりたいと思うだらう」などと詳述している。やきものについて学者でも研究者でもなかった青山二郎であるが、まさに根掘り葉掘り考察してみよう、としている。こうした姿勢や表現こそが、青山らしさであり、興味深いところ。さらに、「当時の金で千円もらつたが、何一つ買はず友達と飲んで一週間でなくなつた」（同前）というのもまた、青山らしい。

横河コレクションより、唐三彩蓮座壺（唐時代　高24.2　東京国立博物館蔵）と、この作品に関する青山の自筆原稿（下）。あえて、明代の壺としての考察を試みている

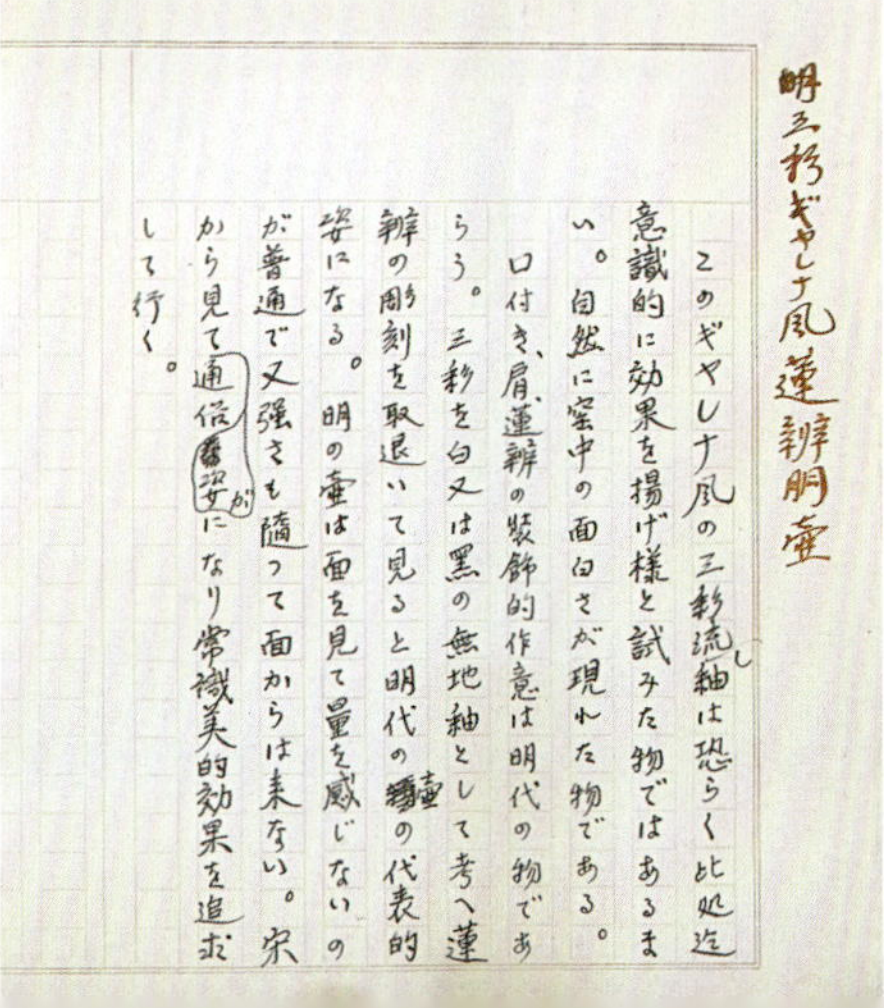

明三彩ギャレナ風蓮辧明壷

このギャレナ風の三彩流し釉は恐らく此処迄意識的に効果を揚げ様と試みた物ではあるまい。自然に窯中の面白さが現れた物である。

口付き、肩、蓮辧の装飾的作意は明代の物であらう。三彩を白又は黒の無地釉として考へ蓮辧の彫刻を取退いて見ると明代の壷の代表的姿になる。明の壷は面を見て量を感じないのが普通で又強さも随って面からは来ない。宋から見て通俗姿になり常識美的効果を追求して行く。

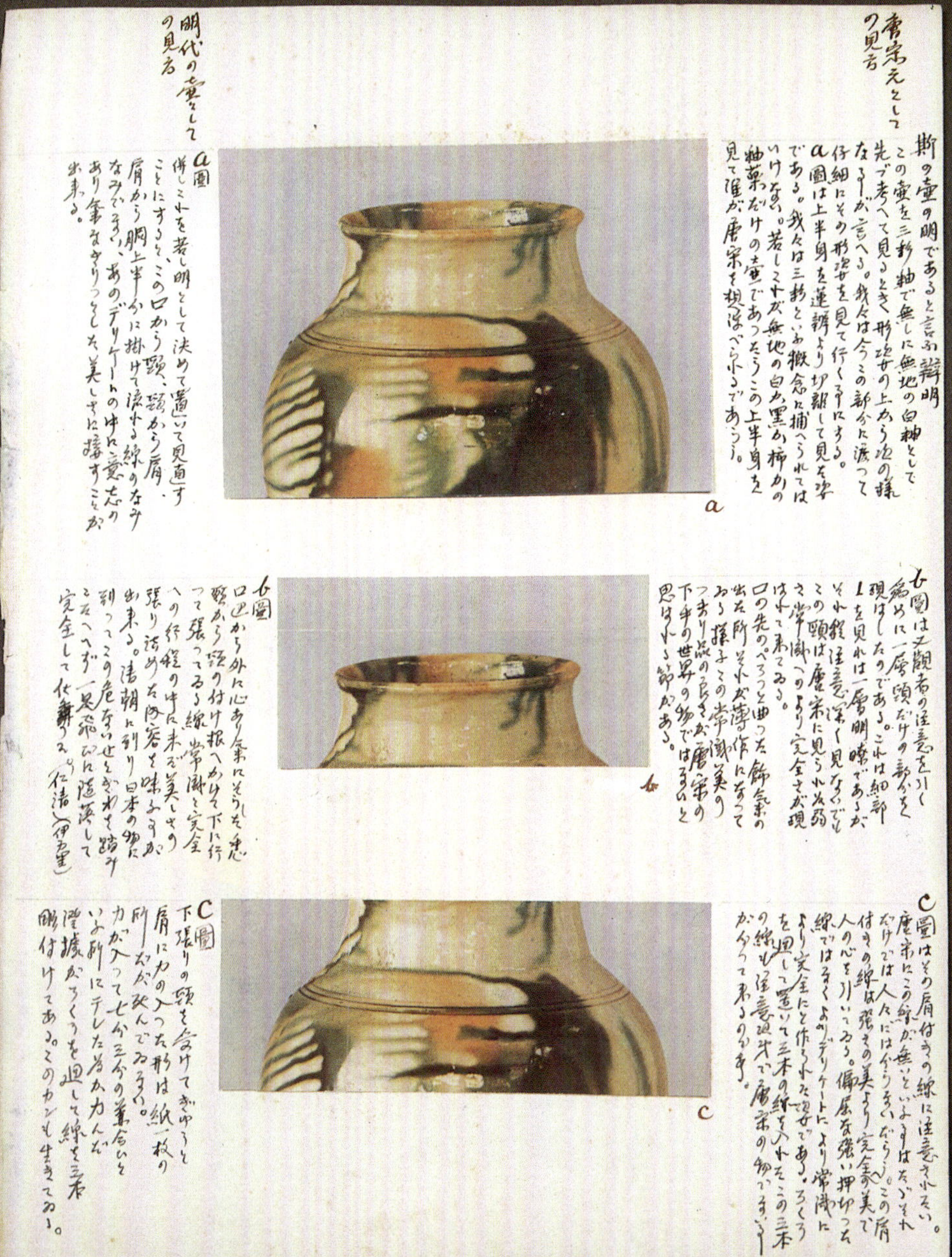

『甌香譜』の校正刷りより。唐三彩蓮座壺の図版を部分で切り分け、詳細に論じるところは、いかにも凝り性の青山らしい

鑑賞陶器の粋、横河コレクション

三彩龍耳瓶（重文）　唐時代　高47.4　東京国立博物館蔵
8世紀前半の作品。横河コレクションには、この瓶をはじめ、唐三彩の優品が多い

中国陶磁蒐集の第一人者であった横河民輔が、当時まだ無名だった青山二郎を図録編纂者に選んだのは、なぜなのだろう。両者を結び付けるうえで忘れてはならないのが、大正五年に発足した「彩壺会」だ。建築家でもあった横河をはじめ、工学者の大河内正敏や三共製薬創業者の塩原又策らを中心にしたメンバーたちが、各自蒐集した作品を持ち寄って科学的に研究し、講演会や展覧会、図録出版などの活動を通して、鑑賞陶器を世に広めたのである。遡って、その「彩壺会」の前身が、大正三年に東京帝大で開かれた「陶磁器研究会」。大河内や美術史家の奥田誠一らが、それまでの茶道具の価値観に基づいたやきものの評価を払拭し、中国陶磁の研究を進めていたのであった。青年青山二郎は、大正八年に日本大学法学科に入学するが、大学には通わず、もっぱらこの「陶磁器研究会」に参加していたという。そうしたつながりの中で、若いながらも天賦の才を持ち、鑑識眼に異彩を放っていた青山二郎に、白羽の矢が立てられたのだろう。

白磁鳳首瓶（重文）　唐時代　高28.1　東京国立博物館蔵
唐白磁の傑作として名高い。やわらかな白と胴のふくらみが美しい

横河民輔は、昭和七年から数回に分け、中国陶磁のみならず、日本、朝鮮、安南、タイ、ペルシア、ヨーロッパの古陶磁器、一〇六八点を帝室博物館、現在の東京国立博物館に寄贈した。その「横河コレクション」は、質、量ともに日本随一を誇る。ここに紹介する作品は、青山二郎が図録『甌香譜』に選び出したもののうちの数点である。いずれも世界第一流といわれる名品ではあるが、随所に青山の個性も現われている。

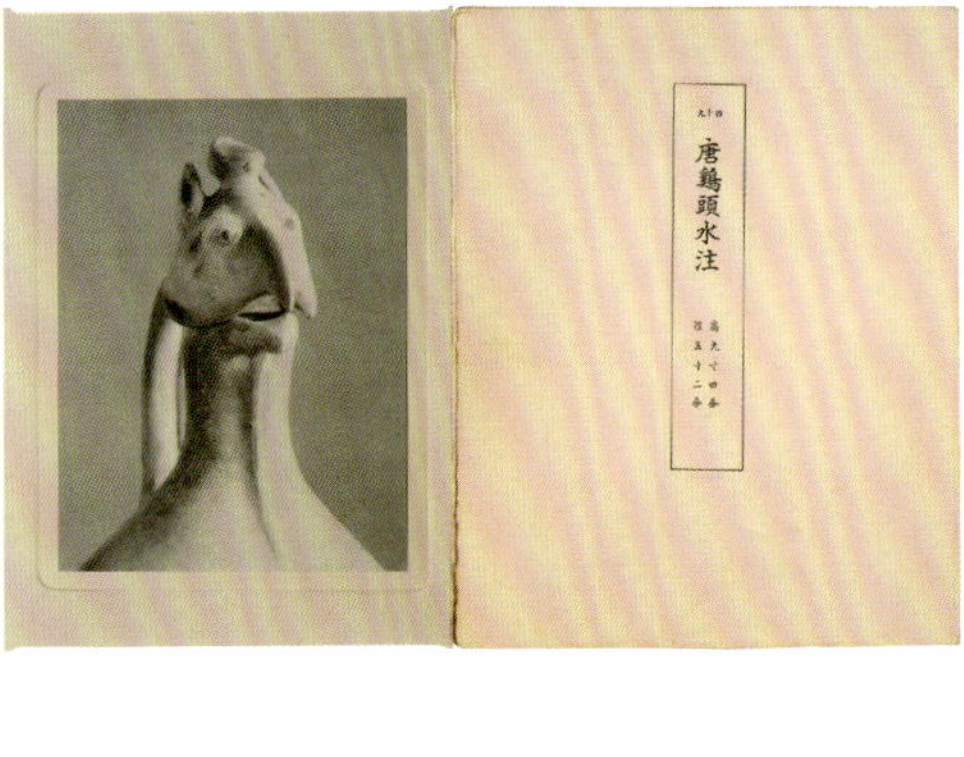

『甌香譜』より。図版には、蓋である鳳首に大胆に寄った写真を用いている

法花人物文瓶　明時代　高32・6　東京国立博物館蔵
法花とは明代に始まる三彩陶の一つで、文様の輪郭線を粘土の紐で線描きし、それを境に色釉を塗り分けたもの。藍地に青、黄で、楼閣の人物や草花を配した華麗な作品

黒釉兎毫斑碗　建窯　南宋時代　口径13.0　東京国立博物館蔵　兎の毛のように、黒釉の表面に銀の細い筋が無数にあらわれた茶碗で、日本でいう天目茶碗の一つである。端正な器形と細かな兎毫がことに美しい

白釉水注　磁州窯　北宋時代　高29.4　東京国立博物館蔵　白の清廉さが、洗練された美しいフォルムでさらに引き立つ作品である

『甌香譜』より「漢舞三俑」（後漢時代作の加彩楽人舞人像）図版（左）と、その題字部分（右）。特漉鳥の子紙に原色版印刷した図版を貼付した、典雅な造本であった

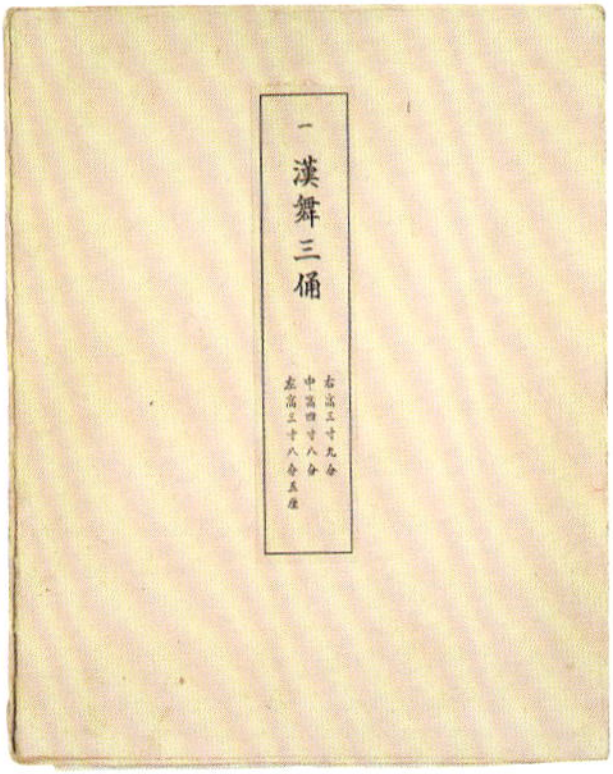

藍釉粉彩桃樹文瓶　景徳鎮窯　清時代　高40.8
東京国立博物館蔵　濃紺の瑠璃釉に、たわわに
実った桃や霊芝など吉祥の意匠をあしらってい
る。華やかな作品である

［上］五彩龍鳳文面盤　景徳鎮窯　明時代　径39.0
器面に青、赤、緑、黄で龍鳳文がびっしり描かれたさまは、まさにきらめく星のよう。鮮やかで華やかな名品
［左］五彩牡丹文壺　明時代　高23.2　呉州赤絵（28-31頁）の壺で、画面いっぱいに濃い赤で表現された牡丹の花が素晴らしい。迫力のある大胆な意匠で、横河コレクションで名品として名高い。
2点とも東京国立博物館蔵

COLUMN

コラム

科学者としての横河民輔

横河民輔（一八六四〜一九四五）は、東洋陶磁の大蒐集家、鑑賞陶器の世界を切り拓いた先駆者として名高いが、西洋建築家の草分けでもあった。主な作品に日本橋の三越本店や丸の内の日本工業倶楽部などがある。また、横河電機や横河橋梁を創業した実業家の顔も持っていた。科学者の眼で陶磁器をとらえるという姿勢は、「彩壺会」での活動をはじめ、あらゆる時代の、あらゆる種類の作品を網羅し研究しようというところに現われていた。

白釉黒花梅瓶　銘「自働電話函」　磁州窯
宋時代　高38.6　端正な形に、のびやかな黒釉の線。その優美な姿に青山や横光は惚れ込んだ

「自働電話函」は世界第一級品

「自働電話函」とは今でいう電話ボックス。宋の梅瓶に、青山二郎がこんな奇妙な銘を箱にしたためたのは、「自動電話の箱の中で立つて暮してもいゝと思ふほど」（「銀座酔漢図絵」）、家を捨てて電話ボックスの中で暮らすことになってもいいくらい欲しい、と思ったからだった。しかしやはり自分では買えなかった青山は、友人の横光利一に購入をすすめる。青山の眼を信じる横光も即惚れ込み、壺中居から一万円で購入したのが、昭和十六年十二月八日、折りしも太平洋戦争勃発の日だった。横光は「戦はついに始まった。そして大勝した。先祖を神だと信じた民族が勝ったのだ。自分は不思議以上のものを感じた。（中略）自分はこの日の記念のため、欲しかった宋の梅瓶を買った」（「刺羽集」）と日記に書いている。

　磁州窯に特徴的な乳白色の肌に、牡丹の花がのびやかに描かれ、その均整のとれた姿は、すっくと立ち上がった高貴な美女のようだ。「宋窯の良い物は一目瞭然なのである。この一目瞭然たるところが世界的なのだ。粗末な写真版を見ただけで、本物の陶器など所有した経験もないのに、世界第一級の美が見える。それが宋の陶器である。陶器の世界的とは結局そんな物であると思つてさしつかへない」（『世界陶磁全集・宋遼篇』）と青山はいう。二人はまさにこの梅瓶に「世界第一級の美」を見たのだろう。青山にとって最後まで忘れられない陶器となり、横光も生涯手元に置き続けたという。

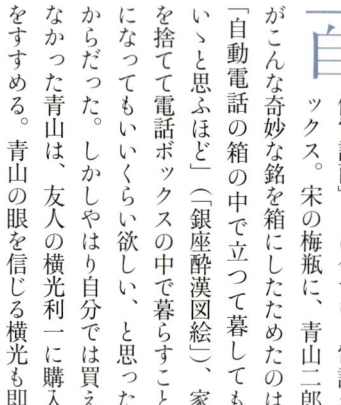

古染付の楽しみ

青山旧蔵の中国陶磁のなかには、明末の古染付が数多くある。古染付は、天啓・崇禎年間（一六二一〜四四年）に景徳鎮の民窯で焼かれた素朴なやきもの。中国陶磁としての評価は低いもので、それまで日本では茶道具としては珍重されてきたが、茶器にはならない大皿などの雑器は、いわゆる「下手」「珍品」の類とみなされてきた。しかし、青山や彩壺会の面々は、あえてそんな「はずれたもの」をも見つめ直し、それまでの価値観に縛られない見方で、美しいものは美しい、と評価したのである。

古染付蓮花文大皿は、南方の民窯でつくられたと思われる、大らかな味わいのある珍品。杉の箱には、青山が描いた皿の文様と、「笹川慎一氏旧蔵」の文字がある。笹川慎一は関西の建築家にして、中国や朝鮮の古陶磁に卓越した審美眼を持ったコレクターであった。

また、器の全面に縞模様を施したむぎわら手は、やはり古染付の向付。戦前に入手したもので、青山を中心に小林秀雄、島木健作ら骨董好きが集まって設立した「むぎわら倶楽部」の名の由来となった。メンバーは、めいめいがこの古染付を一個ずつ持ち、湯呑みにしたという。

祥瑞といわれるやきものは、明末の崇禎年間（一六二八〜四四年）に景徳鎮民窯で焼かれた鮮やかなブルーの染付磁器。写真の猿鹿文盃は、戦中から戦後にかけて青山が愛用していた。旧蔵していた益田鈍翁は、鹿が兎に見えたのか、あるいはユーモアからか、「祥瑞　兎猿」と箱に書いた。青山はこうしたエピソードを持つ「珍品」にも、惹かれたのだろう。

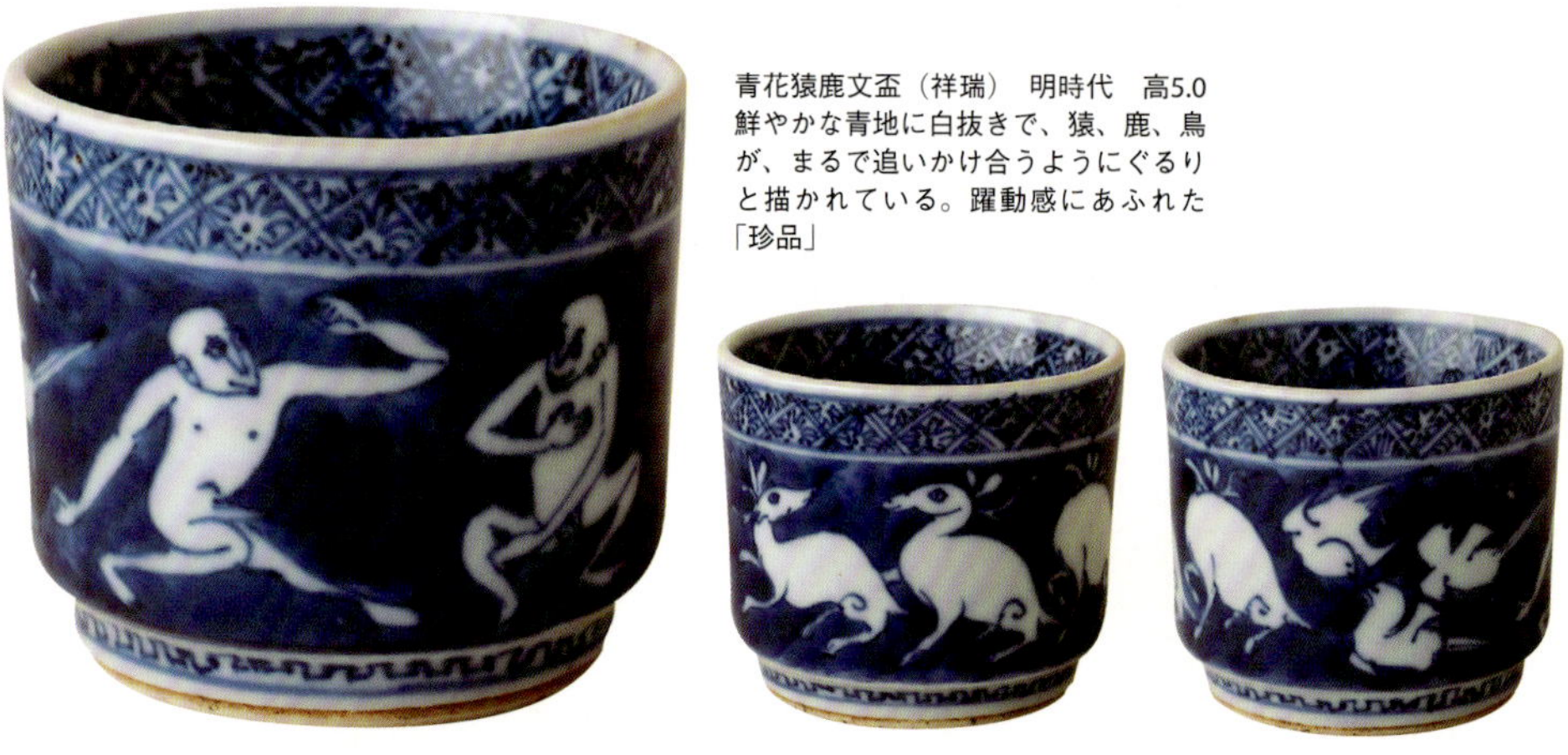

青花猿鹿文盃（祥瑞）　明時代　高5.0
鮮やかな青地に白抜きで、猿、鹿、鳥が、まるで追いかけ合うようにぐるりと描かれている。躍動感にあふれた「珍品」

青花むぎわら手向付（古染付）　明時代　高10.0　この向付をスタートに、骨董同好会「むぎわら倶楽部」が結成された

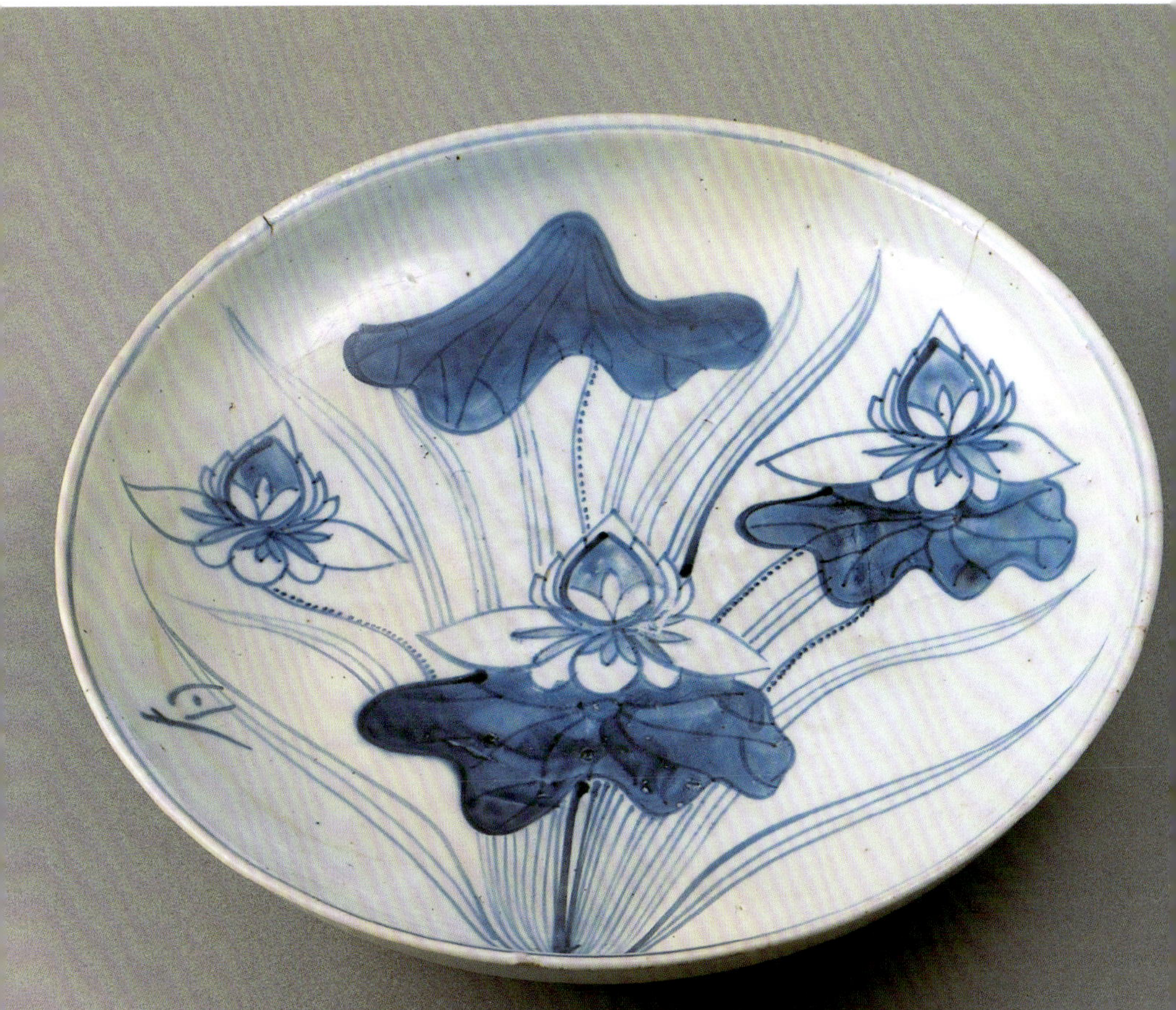

上は、青花蓮花文大皿（古染付）　明時代　径29.6　李朝の作という説もある。箱の蓋裏（下右）には青山の印。左は、この大皿の文様をモチーフに青山がデザインした、雑誌「日本映画」昭和18年7月号表紙（中原中也記念館蔵）

呉州赤絵の魅力を引き出す

［右］五彩麒麟文大皿　明時代　径38・5　［下］五彩牡丹鳳凰文大皿　明時代　径39・2　二点とも東京国立博物館蔵　どちらも『呉州赤絵大皿』の収録作品。彩り豊かで手の込んだ細やかな文様の美しい名品

明代の後半から末期に福建省の民窯で焼かれた磁器を「呉州手」と呼ぶ。呉州手のやきものは、日本では桃山から江戸初期にかけて、とくに大皿などの雑器類が日本の富裕階層に浸透し、各地の旧家の蔵に収まって、宴席などで大いに使われた。呉州手の魅力は、大皿に描かれた鮮やかな絵文様である。民窯らしい伸びやかさ、力強さにあふれた派手な文様は、日本の茶の湯から生まれた侘び、さびとは、いわば対極にあると言えよう。そういう意味で、呉州手は、それまでのやきものの価値、評価からは「はずれたもの」であり、「下手」とされていた。しかし、そうした下手の中から本当に美しいものを見出す、それが青山二郎の真骨頂である。青山や彩壺会の面々は、呉州手に光を当て、あらためて世に送り出したのであった。

昭和七年、青山と倉橋藤治郎の共編『呉州赤絵大皿』（彩壺会蔵版、工政会出版部発行）の出版が、昭和初期の呉州手研究や収集ブームの火付け役となった。菊倍判で定価八円、青山の手になる造本やレイアウトは秀逸で、図版の扱い方や文字の組み方など今見ても新鮮だ。

自由な構図や思い切りのいい筆遣いなど、健康で単純、自然の味わいに富んだ呉州赤絵は、大正末期に柳宗悦が提唱した「民芸」思想の美の条件にも合致していた。『呉州赤絵大皿』には、倉橋の所蔵品を中心に、柳宗悦、横河民輔などの蔵品から自由で美しいやきもの三十六点が収録されている。

［上］柿地白花草花文大皿　明時代　径37.6　東京国立博物館蔵　素地に、白土を水に溶かしたスリップで文様を盛り上げて描いたもので、呉州手の一種。柿色の地に白い花が浮かんだ、魅惑的な作品だ　［下］『呉州赤絵大皿』表紙（右）と上の作品の図版頁。青山による、ブルーを使った爽やかな装幀も見事

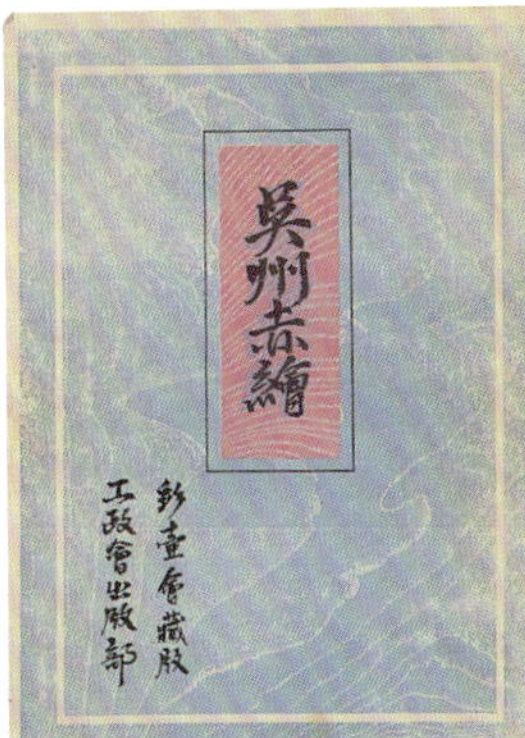

五彩舟人物文盤　明時代　径34.2
日本民藝館蔵　川を行く小舟に、静かに立っている二人の人物。なんとものどかな景色が展開する。これを含め4点とも、柳宗悦の旧蔵で『呉州赤絵大皿』所収の作品

五彩牡丹龍鳳文盤　明時代　径35.8
日本民藝館蔵　のびやかな筆のタッチが、全面に広がっている。中央の鳳凰の姿は、とくに優美

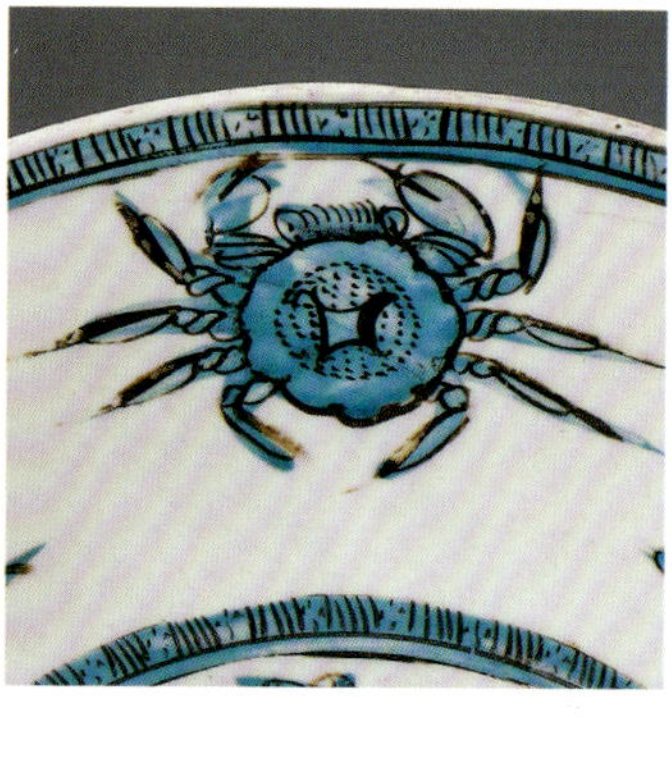

五彩水族火龍文盤　明時代　径36・3
日本民藝館蔵　龍の周りに、魚やエビ、カニが躍る。海の中にいるような楽しい世界だ。カニの絵も味がある（左）

五彩牡丹飛鳳文盤　明時代　径37.2　日本民藝館蔵　牡丹の花の咲き乱れる中央に、鳳凰が大空を飛び回る。壮大で鮮やかな一品。下は横から眺めた姿

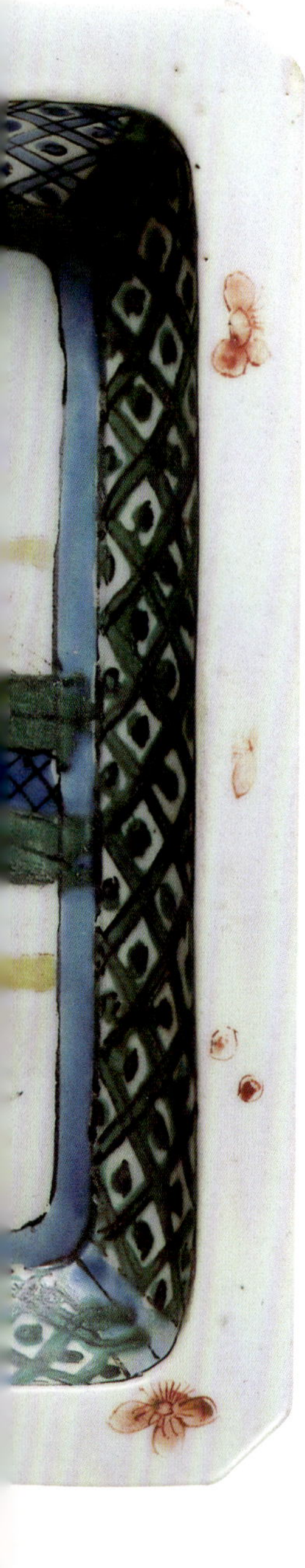

古九谷にも注目！

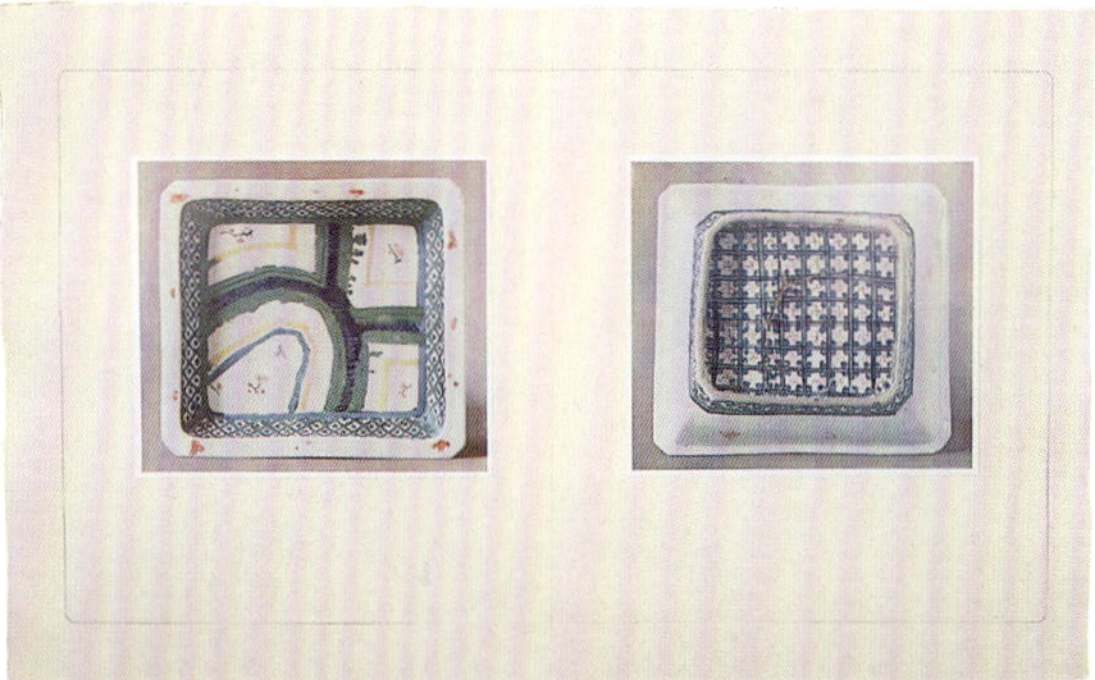

青山二郎たちが古染付や呉州赤絵に眼を向けた時代、日本の鍋島や古九谷も、脚光を浴びることになった。早い頃から色絵磁器のコレクターとして知られた塩原又策など、彩壷会のメンバーたちは、次々に手元に持ち込まれる色絵磁器について意欲的に議論した。大胆な構図や鮮やかな色使いの古九谷の大皿などは、それまでわび茶には合わないということで敬遠されてきたのだが、青山や彩壷会によって鑑賞陶器としての価値を見出される。

『呉州赤絵大皿』を刊行した昭和七年、青山は、同じく倉橋藤治郎との共編で『古九谷』を発行。古九谷の皿や鉢七点を選び、それぞれにつき二枚ずつ、カラー原色写真版を計十四葉、鳥の子紙に貼り付けて紹介した。器の表面だけでなく、裏面にも力を注いだところが青山らしい。定価は『呉州赤絵大皿』より高い十円。装幀はもちろん青山。収められた七点の作品は、当時すでに名品、逸品といわれていたものばかりだ。第二輯、第三輯と刊行するつもりだったのか、この『古九谷』には第壱輯と書かれている。しかし続刊は叶わなかった。

なお古九谷は、青山の時代を含め、以前は加賀で焼かれたやきものといわれていたが、「有田生まれ」の伊万里の一様式というのが現在の定説だ。江戸時代初めの初期伊万里に始まり、国内向けに焼かれた古九谷を経て、海外向けの柿右衛門様式へと変化した、と位置づけられている。

色絵畦道文角皿　江戸時代　20.8×23.3　緑と青の太い線が大胆に画面を四分割する奇抜なデザイン。春うらら、田んぼの畦道を行くような、豊かな気分にしてくれる優品だ。じつはこの「畦道」は、窪みができた窯疵をなぞって隠した文様である。右頁上は、この作品の原色版を収録した『古九谷』。裏に描かれた洒脱な文様も、青山の眼はもちろん見逃さなかった

上、右とも『古九谷』より。全部で七点の所載で、青山二郎は当時から名品と名高いものを採り上げている。高台や脇の姿も写真版で紹介し、やきものを多角的に考察しようと試みている

COLUMN

コラム

二郎の理解者、倉橋藤治郎

倉橋藤治郎（一八八七〜一九四六）は、「彩壺会」幹事を務めた愛陶家であり、出版人であった。大正十三年に倉橋が創業した工政会出版部（のちの産業図書株式会社）は、『呉州赤絵大皿』『古九谷』のほか、『甌香譜』の発行も行なっている。「僕の工藝品のコレクシヨンは一流だと自信出来るのは、僕の工藝界の友達が皆いゝからではあるが、結局青山二郎が選んでくれるからである」「工藝の方面に於て、青山ほど僕を活かせる人はなく、又僕程青山を活かせる者はないと云ふ事である」（昭和七年「茶わん」第四号）とあるように、倉橋は青山のやきものへの眼を深く信頼していた。

古九谷色絵牡丹文八角大皿　江戸時代
径31.6～34.0　サンリツ服部美術館蔵
紫の牡丹の花を吉祥文の色絵が取り囲む。1640～50年代の作で、古九谷様式の代表作である

「朝鮮物第一流のものは焼物、百万中に一つなり」

李朝・朝鮮工芸

揺るぎのない形に完全無欠の美を備えるのが中国古陶磁なら、ゆがみや瑕、染みが「味」となるのが朝鮮のやきものだろう。青年青山二郎は、中国の鑑賞陶器で古美術を見る眼を育む一方で、朝鮮もの、なかでも李朝のやきものに心惹かれ、打ち込んでいく。

「朝鮮物第一流のものは焼物、百万中に一つなり」(「朝鮮考」)、あるいは「ただ何と言っても、さうした優れた物は非常に尠いのである。白磁にたつた一つ、染付にたつた一つ、鉄砂に一つ、辰砂に一つ——さう言つた風にしか数へられない」(「日本の陶器」)と青山は書いた。

現在、白磁壺をはじめとする李朝のやきものは、名品は名品として、誰の目にも明らかにその地位を獲得している。しかし当時は、多くの李朝のやきものは雑器であり、玉石混交のままそこにある、という時代であった。そんな中、朝鮮で暮らした浅川伯教・巧兄弟、柳宗悦が登場、いち早く李朝のやきものや工芸品の美を認め、蒐集に情熱を傾けた。既成評価にとらわれず、自分の眼で「この一つ」を掘り出し、価値を見出す作業は、まさに新しい世界を創り出すことであろう。青山二郎はそうした先達を得て、自分の鑑識眼で「百万中に一つ」を選び出した。

ここに紹介する「名品」は、浅川や柳、青山の眼が選び出したからこそ「名品」となり、七十年以上経て今もなお変らず「名品」である。

青山二郎の文字でびっしり埋め尽くされた、浅川伯教著『李朝の陶磁』の外箱と表紙。「狐が落ちて仕舞へば今更言ふことも無い。陶器も、友情も、藝術も、同じやうな事だと言つて仕舞へばそれ迄の話である」云々。〝持ち前〟のまわりくどい文章と几帳面な文字、デザイン的効果を施したあたりが青山的

（右頁）

さうだ。芸者の、千代紙も持たない女が如何にも出来そうな話でもある。しかし誰か遣つたのを書いて行つたら、何うであらう。俺はそれを書いてみる勇気はない。これは矢張り陶に書いて行つたら、何うであらう。俺はそれを書いてみる勇気はない。これは矢張り陶に気附く。心に思つたことを別な処で発表する意途も何うかと思ふ。

だが、非常に難しい様に思へるが、人間は別の処で気附く。心に思つたことを別な処で発表する意途も何うかと思ふ。

趣味の問題に過ぎない。生き方も出來ない物を云つたりしてゐるのに趣味の問題に過ぎない。生き方も出来ない物を云つたりしてゐるのに凝り過ぎた。アクセントに優越感があるからだ。陶器の本など書く人間が、ある。見ると、コケおどしだ。陶器の本など書く人間が、あると思ふが、こけおどしだ。これを読む人間人間の種類の違つた読者に違ひない。

　　　　　　　　　　　八月二日

（左頁）
二、思ひ出が去らず、其処が終着点にもなり、何時までも、一歩も前進しない。"幸福"とは案外過去にないから、一歩も前進しない。"幸福"とは案外過去に証拠を握つてゐる人間の寝言かも知れない。李朝の陶器が調の度きらひな物で、それはその代表的な蒐集家である。
　陶　浅川伯教はその代表的解説者だ。
彼等は間違つてゐても、間違つたことが出来ない
人間に
　磁石　とつた美とは正確に文字通り、誰でも
がにする美なのである。これが大変可笑しい。俺し
きつ！可笑しさを描写すると俗に近よるのに理由が

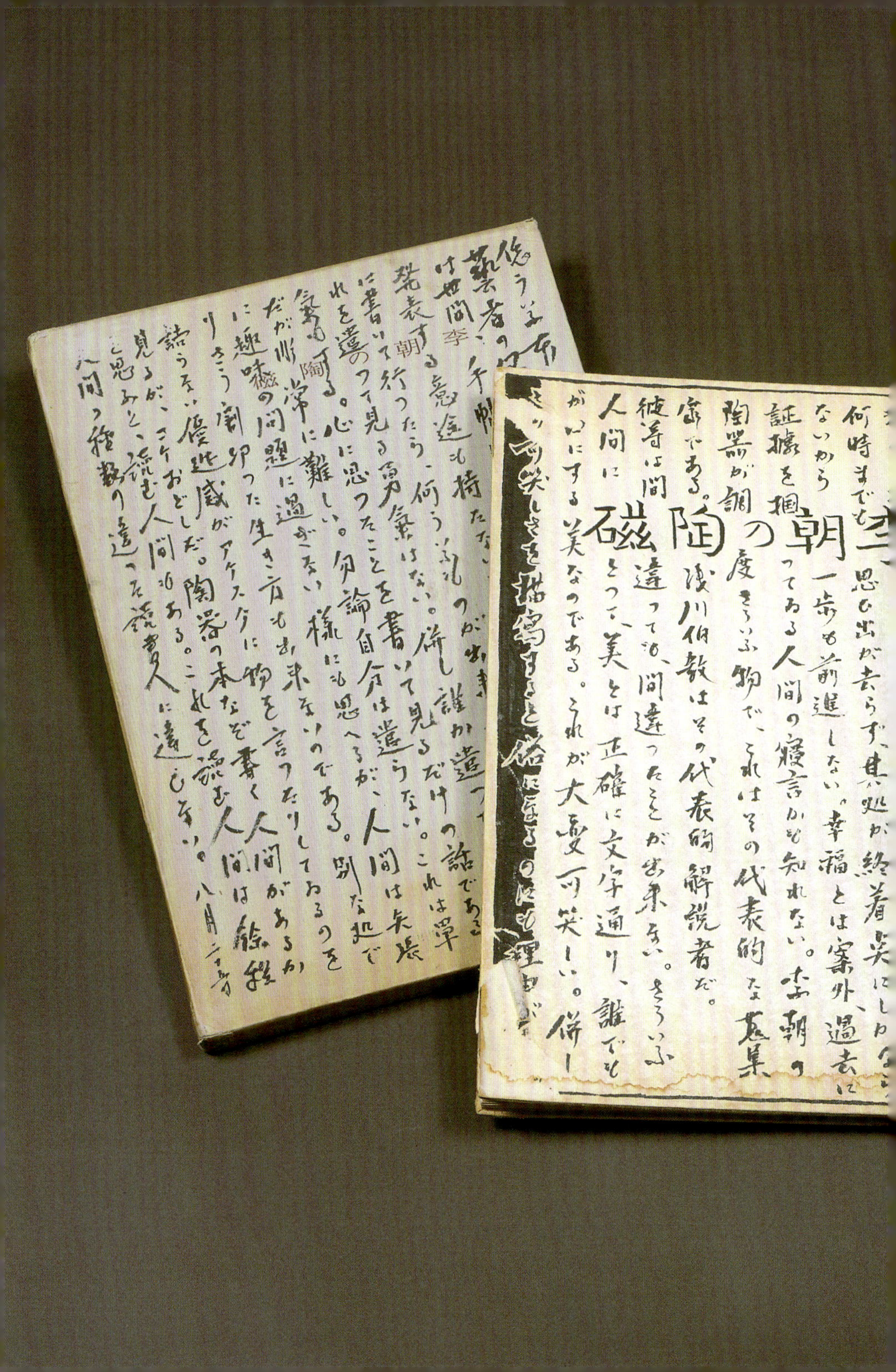

やきものの第一等、李朝白磁

白磁長壺　李朝　高54.0　白の中にも微妙な色調がある。その「味」が李朝白磁の魅力の一つだ

青山二郎は昭和六年、その鑑識眼を買われて朝鮮へ買い付けに行く。そこで仕入れた李朝ものを翌年、朝鮮工芸品展覧会で展示して評判となり、日本で「李朝ブーム」が起こった（48頁）。火付け役ともなった青山の家には、一時、朝鮮から買い付けてきた白磁の壺などが「ゴロゴロして」いた（野々上慶一「李朝白磁と私」）という。

李朝のやきものの中でも、青山はとりわけ白磁の壺を愛した。シンプルで清潔な美しさをたたえる白い肌、そしてその白の中にあらわれる濃淡の味を、青年青山の眼はとらえたのだろう。

この白磁長壺は青山が愛蔵した一品。量感たっぷりの肩から、スマートな脚部へと絶妙なカーブを描いていく。心地よい緊張感にみなぎる姿がただそこにあり、あたたかく柔和な肌は、寡黙にひたすらその存在を伝える。どんな絵付があったとしても、この無地の白にはかなわない。

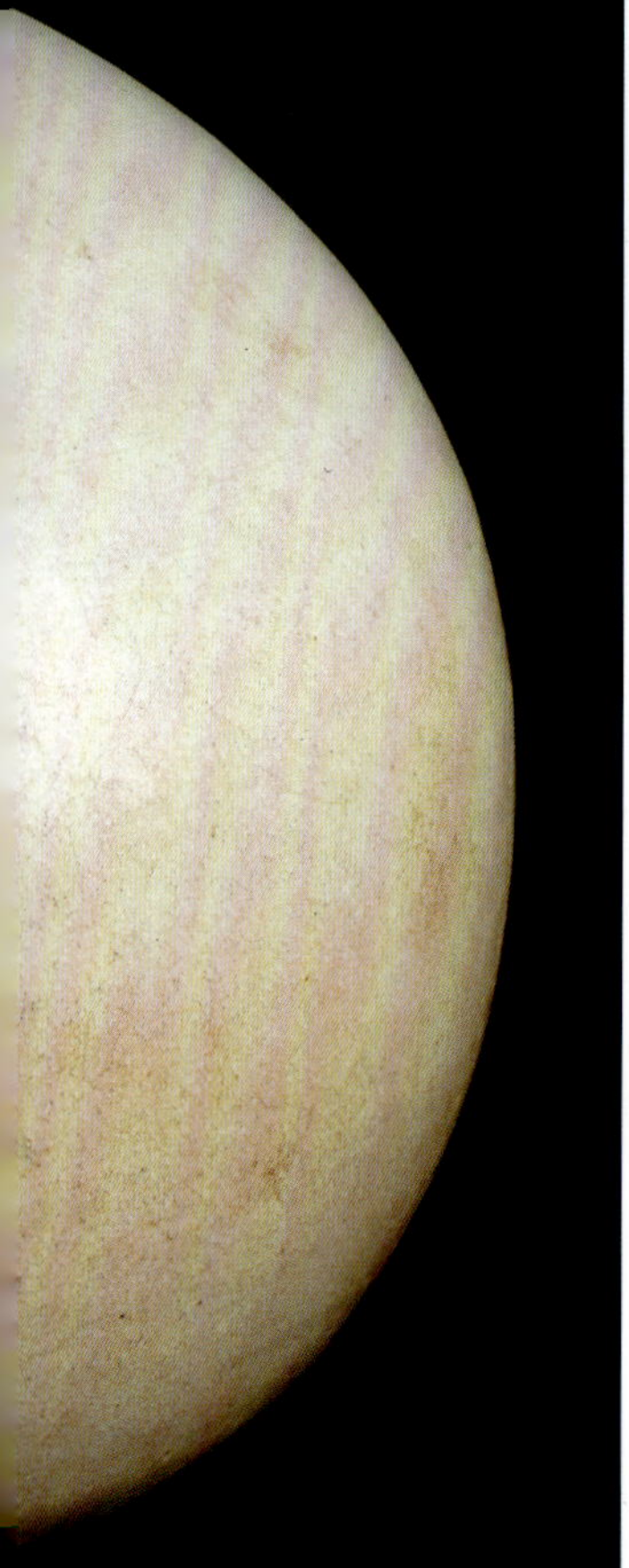

「朝鮮物第一流のものは焼物、百万中に一つなり。たはぶれ人の一生に一眼でく会ふか会はぬか兼ねあひなり」(「朝鮮考」)と青山二郎が言い切った、その「百万中に一つ」がこの壺だ。深みのある白磁の肌は、静謐な美を醸し出して、大きく横に張り出した胴のふくらみは、力強くも優雅な曲線を描く。「ひたすらに唯己一人のものなり」と抱きしめんばかりに惚れ込んだ青山は、この壺に「白袴」と銘を記した。

この白磁壺をめぐる顚末は、青山の「拾万円の鑑定料」に書かれている。まだ白壺が二十円、三十円で買えた時代、青山はこの白磁壺を京橋の骨董店「繭山龍泉堂」から三百五十円で買った。壺中居の不孤斎広田松繁がこれを欲しがり、青山の許に度々通ってきたが、「一万円の値打がある」とみていた青山は、二千円以下では決して売らなかった。「こんな酷い目に会つたのは生れて初めてだ、なぞと言ひ乍ら不孤斎は二千円置いて行つたが、私の一万円説には届かなかつたが、それでも三倍か四倍に売つてゐる」という次第。後にこの白磁壺は、東洋陶磁の蒐集で知られる安宅コレクションの一つとなった。

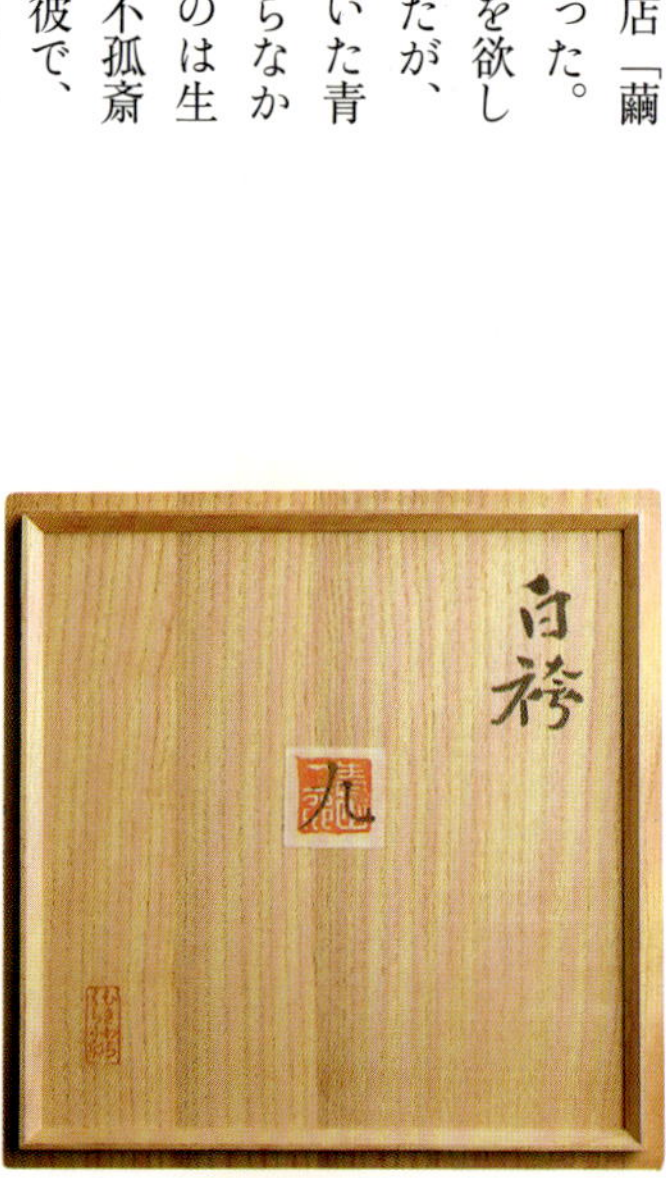

白磁丸壺　銘「白袴」　李朝　高23・0　大阪市立東洋陶磁美術館蔵　これが「百万中に一つ」。青山が惚れぬいた白磁壺。こういうものは往々にして、数奇者同士の奪い合いのドラマを引き起こす。右は箱の蓋裏。青山自筆の「白袴」の文字と印がある

面取は李朝に特徴的な技法のひとつで、やわらかな乳白の肌に、濃淡の染みが浮かび上がってきている。ぽってりと肉感的でさえあり、いつまでも手に包んで弄っていたくなる瓶だ。青山二郎が表紙装幀を担当した『文学界』の発行元、文圃堂主人の野々上慶一によると、この瓶は「青山二郎の旧蔵で、小林秀雄、秦秀雄、伊集院清三と廻り廻っ」(「青山二郎の陶書」)て、その後野々上氏の手にも渡ったもの。青山を骨董の師と取り巻いた友人たちが、次々にこれを持ち、愛でたわけである。この白磁は、まさに「青山学院」のお手本のような李朝であった。

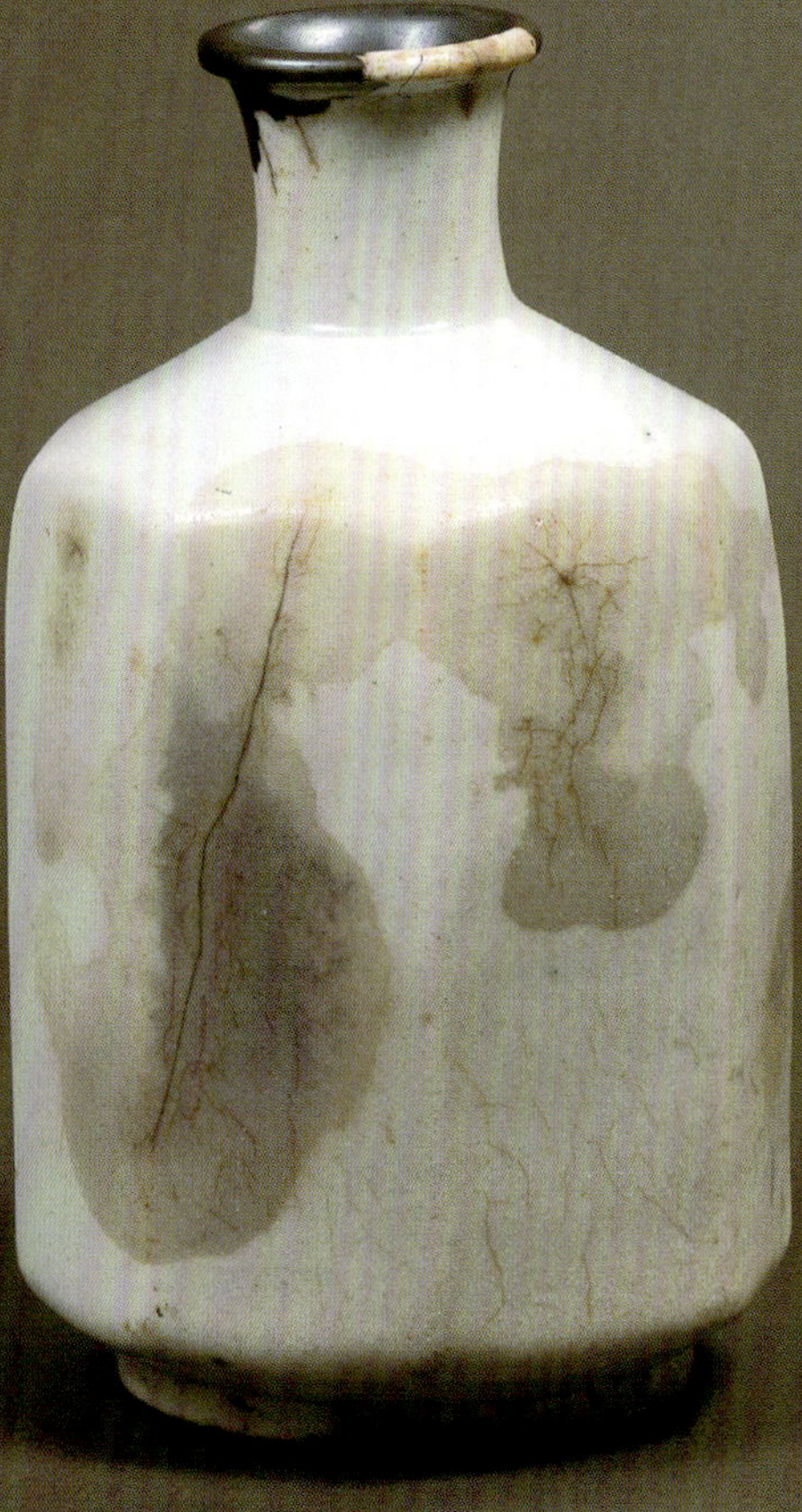

白磁面取瓶　李朝　高19・0
クリーミーな白い肌に浮かぶ、雨漏りしたような染みが、なんともいえぬ「味」を出している

鉄砂青花葡萄文大壺　李朝　高37・0　大和文華館蔵　朝鮮古陶磁の研究家、浅川伯教が愛した李朝の大壺。やわらかなタッチの絵筆で描き出された葡萄の葉は、そよそよと風に吹かれているようだ

COLUMN

コラム

朝鮮古陶磁の神様、浅川伯教

『白樺』の愛読者で彫刻家志望だった浅川伯教（一八八四～一九六四）は、朝鮮に渡り小学校の教師をしていたが、ある夜、京城（現ソウル）の道具屋の店先で李朝白磁の丸壺に出会って以来、その虜となった。同じ朝鮮古陶磁の研究者である弟の巧とともに、朝鮮半島全域にわたって窯跡を調査し、数々の李朝の優品を日本に紹介。李朝工芸鑑賞の先達であり、柳宗悦と李朝工芸を結びつけた人物でもある。大正三年、浅川はロダンの彫刻を見せてもらうために千葉県我孫子に住む柳宗悦を訪ねた。その時手土産で持参した秋草文面取壺をきっかけに、柳は李朝工芸に傾倒していったのである。若き青山二郎への影響も大きかった。昭和五年、青山が朝鮮に渡った際に二人は知り合い、その翌年の買い付けにあたっても協力を惜しまなかった。

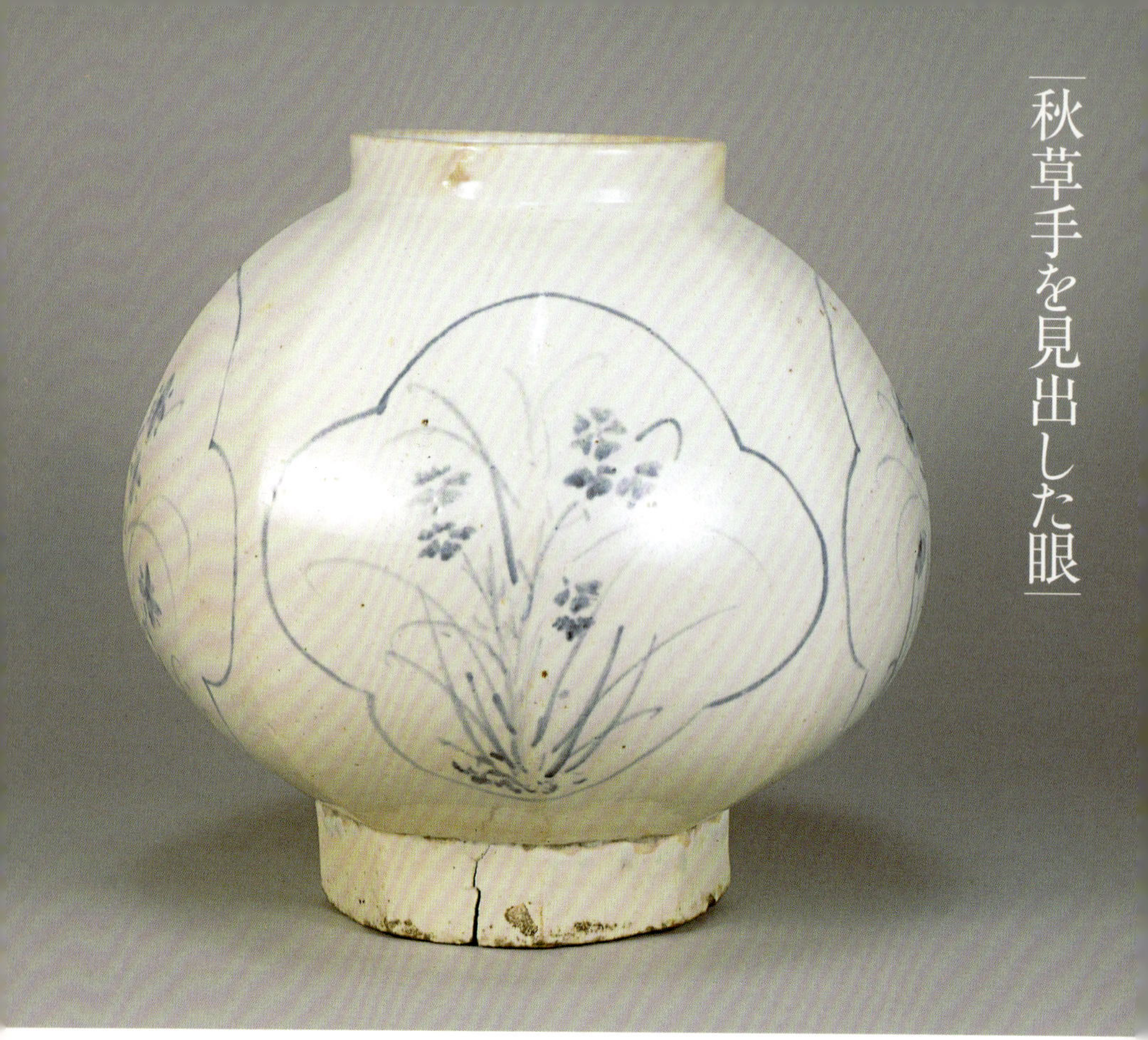

秋草手を見出した眼

青山二郎の眼は白磁のみならず李朝の染付にも向かい、その眼が選んだ秋草手の染付壺には、新たな価値が付いていった。秋草とは、野花を生ける雑器に描かれた素朴な草文をいい、柳宗悦が名付けたという。昭和六年、朝鮮に渡って李朝陶器を仕入れてきた青山は、翌七年の展示即売会で、ある秋草の壺に法外な値を付けて売り出した。当時、ほとんどの秋草の壺は二〜三百円を超えないものだったのだが、青山は四〜五倍もの値を付け、人々を驚かせたという。ところがそれを思い切って買った人がいて、人々はもっと驚いた。さらにその人の没後に売りに出されると、その十倍以上の値が付いたという。秋草手の染付壺は、もはや雑器の域を脱し、骨董の類へと飛躍した。「優れた画家が、美を描いた事はない。優れた詩人が、美を歌つたことはない。それは描くものではなく、歌ひ得るものでもない。美とは、それを観た者の発見である。創作である」(「日本の陶器」)と青山は言う。見向きもされない百万もの中から、自分の眼で「一つ」を発見すること、それを創作と言う。青山らしい言葉だ。

上の2点とも、青花窓絵秋草文面取壺　李朝　高24.7　大阪市立東洋陶磁美術館蔵
上の左右2点の壺、形も大きさも染付の文様も同じように見えるが、別ものである。右頁が浅川巧旧蔵の壺で、左が広田煕旧蔵の壺。なぜこの2つが今、ここにあるのかは、下のコラムをお読みください

COLUMN

コラム

壺をめぐる執念の物語

ここに挙げた二つの「青花窓絵秋草文面取壺」をめぐる逸話を紹介しよう。かつて、浅川巧が京城で見つけて購入した秋草の面取壺があった。その形、絵ともに優れた「巧さんの面取」に魅せられたのが、青山とも親しかった「壺中居」二代目の広田煕。必ずや同手の李朝を探し出そうと決意し、後に大きさ、形ともそっくりの壺を本当に見つけ出すのである。しかし、広田がそうまでして手に入れ、秘蔵していた壺は、安宅英一の知るところとなって、買い取られてしまう。しかも安宅は、それ以前に「巧さんの面取」をも手に入れており、姿かたちの同じ面取壺を二つながら我が物としたのであった。その二つが上の壺である。美に取り付かれた男たちの、執念のドラマだ。

李朝の先駆者、柳宗悦に出会う

［下］枡　李朝　24・0×9・6×14・4　青山二郎旧蔵
［左］白磁大壺　李朝　高53・0　柳宗悦旧蔵　二点とも日本民藝館蔵

青山二郎が李朝のやきものに興味を持ったきっかけは、柳宗悦の存在を抜きには語れないだろう。「李朝の染付陶器の価値を認めたのは柳宗悦氏の力で、李朝自身は勿論柳宗悦氏以前にはこれ程しつかりと認められてはゐなかつた」（「朝鮮民族工芸概観」）と青山は言い切り、李朝工芸に美を見出した先駆者として柳に敬意を表している。青山が十二歳年上の柳と知り合ったのは、おそらく大正十一年前後のこと。まだ民芸運動以前のことである。その頃青山は中川一政に絵を習っており、柳や志賀直哉、武者小路実篤らが創刊した『白樺』と関係の深かった中川一政を通じて、二人は交流を深めていったと思われる。青山は、柳の許に足しげく通い、陶器を持参しては柳に見せ、意見を聞いたりしていたという。

柳は当時、浅川伯教・巧兄弟の影響ですでに李朝工芸に眼を開かれ、大正十年には東京の神田で「朝鮮民族美術展」を開き、世界で初めて李朝工芸の美を展覧。同十三年には浅川兄弟とともに、朝鮮京城に「朝鮮民族美術館」を開設するに至る。青山が柳と親しく行き来していた頃は、このように、柳は李朝工芸に関する仕事を精力的に行っていた。

青山は、中国古陶磁を中心とする鑑賞陶器の世界に力を注ぐ一方で、柳に触発されて、李朝のやきものや工芸品に心惹かれていくことになったのである。

［右］青花秋草文面取瓶　李朝　高12.5　日本民藝館蔵
［左］青山が持っていたこの作品の写真　この面取瓶も下のすり鉢も、柳宗悦が所蔵していたもので、青山はその写真を大切に蔵していた。こんなことからも二人の深い交流が窺い知れる

［右］すり鉢　李朝　口径20.0　日本民藝館蔵
［左］青山二郎が持っていたこの作品の写真

朝鮮へ買い付けに行く

［上］白磁丸壺　李朝　高20.0　胴径26.0
［次頁上］白磁丸壺　李朝　高28.0　胴径27.7
［次頁下］染付花鳥文丸壺　李朝　高19.0　胴径22.0
［右］角型石器　李朝　10.6×10.6×8.0
4点とも、青山が昭和6年、朝鮮から持ち帰った作品である

柳宗悦に刺激を受けた青山二郎は、李朝に打ち込む大きな仕事を成した。昭和六年、中国料理店兼雑貨商で古美術も手がける「晩翠軒」の出資を受けて京城（現ソウル）に渡る。半月間滞在し、浅川伯教の協力を得て、高麗や李朝の陶磁器、木工品、金工品など二千点を仕入れて帰国し、翌七年の一月と五月の二回にわたって虎ノ門の晩翠軒で開かれた「朝鮮工芸品展覧会」で展示販売した。当時の骨董界では、中国の鑑賞陶器が流行し、朝鮮美術にはまだほとんど眼も向けられていなかったが、大評判をとったこの展覧会を機に、李朝ブームが沸き起こった。

　二回目の展覧会の案内状で、柳宗悦は「自分には此会は青山（二郎）の創作として一番面白い。品物があるから青山が集めたのではない。青山が集めたから品物が活きてゐるのである」と讃えている。青山の眼で選んだ二千点の品々が一堂に並んださまは、どんなに壮観だったろう。青山の李朝への意気込みや美意識が、会

場に凝縮していたことだろう。この買い付けと展覧会で、秋草手の壺の価値を高めた話は四十四頁のとおりである。ここに紹介する壺や石器は、青山が買い付けてきたもの。李朝への思い入れの深さを今に伝えてくれる四点である。

初期民芸とのかかわり

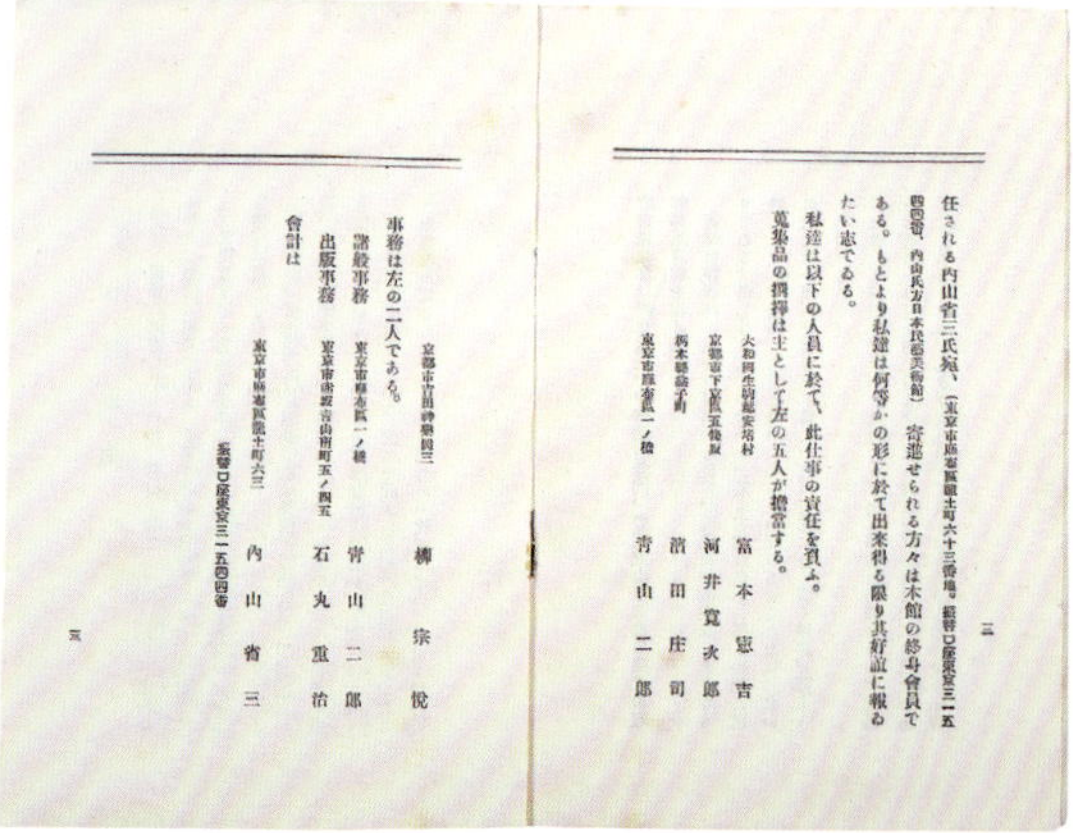
任される内山省三氏宛、（東京市麻布區龍土町六十三番地。振替口座東京三一五四四番、内山氏方日本民藝美術館）寄進せらるる方々は本館の終身會員である。もとより私達は何等かの形に於て出來得る限り其好誼に報ゐたい志である。
私達は以下の人員に於て、此仕事の責任を負ふ。蒐集品の撰擇は主として左の五人が擔當する。
大和國生駒郡安堵村　富本憲吉
京都市下京區五條坂　河井寛次郎
栃木縣益子町　濱田庄司
東京市麻布區一ノ橋　青山二郎
二
京都市吉田神樂岡三　柳宗悦
事務は左の二人である。
諸般事務　東京市麻布區一ノ橋　青山二郎
出版事務　東京市赤坂區青山南町五ノ四五　石丸重治
會計は　東京市麻布區龍土町六三　振替口座東京三一五四四番　内山省三
三

日本民藝美術館設立趣意書

大正15年『日本民藝美術館設立趣意書』表紙（上右）と、表紙を飾った伊万里湯呑（右　江戸時代　口径6.5　日本民藝館蔵）。この湯呑、当時は青山二郎が持っていた。民芸運動立ち上げの象徴として歴史的な一点である。上左は、「趣意書」中面で、責任ある職務欄に青山二郎の名が見える

柳宗悦の影響で李朝陶磁に打ち込んだ青山二郎だが、柳もまた、天才的な眼をもつ若い青山に大いに刺激を受けている。そして互いに交流を深めていくなかで、青山は、柳の提唱する民芸運動にも、深いかかわりを持つことになる。

そのエピローグともとれるエピソードがある。柳は、李朝の工芸品に次いで、日本の古伊万里や工芸品にも眼を向けつつあった大正十三年、浅川巧と訪ねた甲府の池田村村長小宮山清三宅で木喰仏に出会い、その素朴な力強さに満ちた美に衝撃を受ける。木喰上人研究の出発であった。柳に初めて木喰仏を見せられた青山二郎は、それから二ヶ月もたたないうちに、木喰八十四歳の作、八十八体仏の一つ「千手観音像」が新宿の古道具屋の店先で雨に汚れているのを発見し、柳に報告するのであった。柳は、青山の恐ろしいまでの鑑識眼に驚嘆した。

その後、柳が京都に転居しても、二人の交流は止むことなく続き、柳の青山の眼に寄せる信頼は深まっていった。大正

伊万里染付鉄絵丸文徳利　江戸時代　高17.0　日本民藝館蔵　たっぷりと張った胴に、渦巻き文が踊る。青山二郎や白洲正子らとも親交の深かった星野武雄から、柳宗悦が譲り受けたもの

地蔵菩薩像　木喰作　1801年　高70.0　日本民藝館蔵　柳宗悦が甲府の小宮山清三の家で出会い、衝撃を受けた木喰仏。ここから柳の木喰研究が始まり、青山もまた柳のために木喰作品を見つけたのであった

十五年四月一日、柳は民芸運動の発足宣言である『日本民藝美術館設立趣意書』を発行。表紙には、青山が所蔵していた伊万里の湯呑の写真が添付されている。さらに、富本憲吉、河井寛次郎、浜田庄司、柳宗悦の四人と肩をならべて、弱冠二十四歳の青山二郎も蒐集品選択の担当者に名を連ね、事務担当者にも選ばれている。ちなみに、この折、青山とともに事務をまかされた石丸重治は柳の甥で、府立第一中学校で小林秀雄と同期であった。生涯の友となる青山と小林は、この石丸を通じて出会ったと思われる。

　昭和六年に創刊された民芸運動の機関誌『工藝』にも、青山は力を発揮し、編集や事務を務めた。柳が寄せる期待も大きく、河井寛次郎から「分け柳」と渾名されるほどであった青山であったが、ほどなく柳から離反していくのである。

　青山は、初期の民芸運動に参加しながらも、決して民芸一辺倒にはならず、この間、横河民輔のコレクション図譜『甌香譜』を編纂し、彩壺会を中心とした中

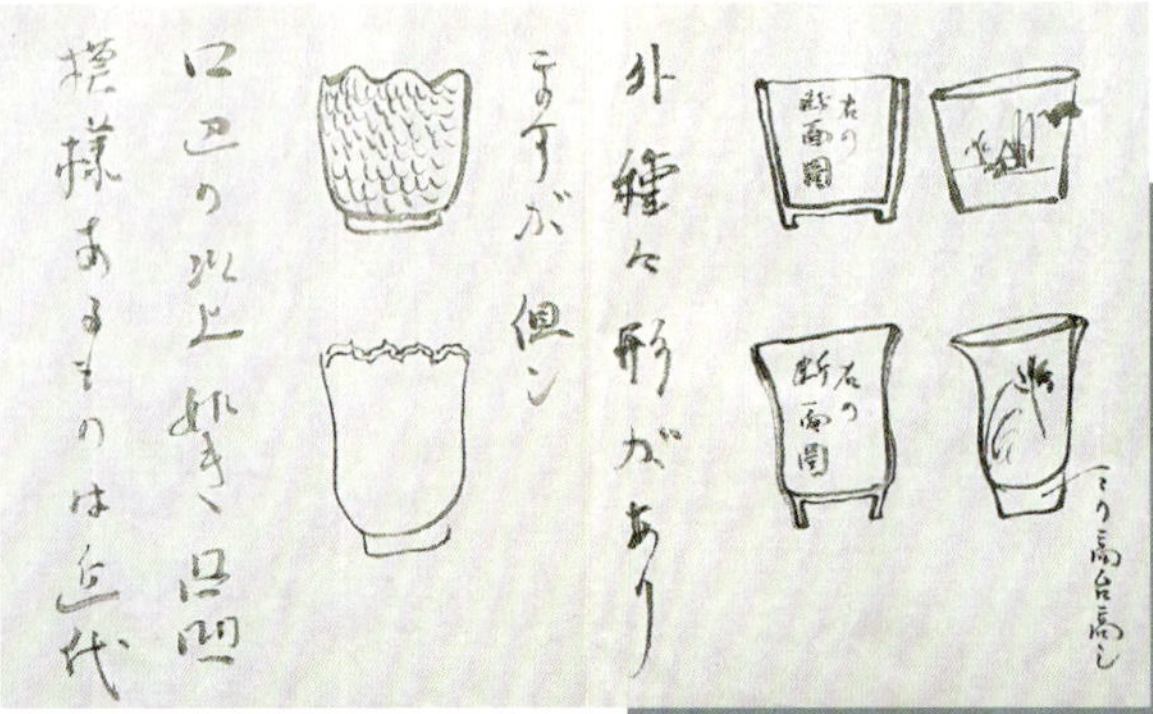

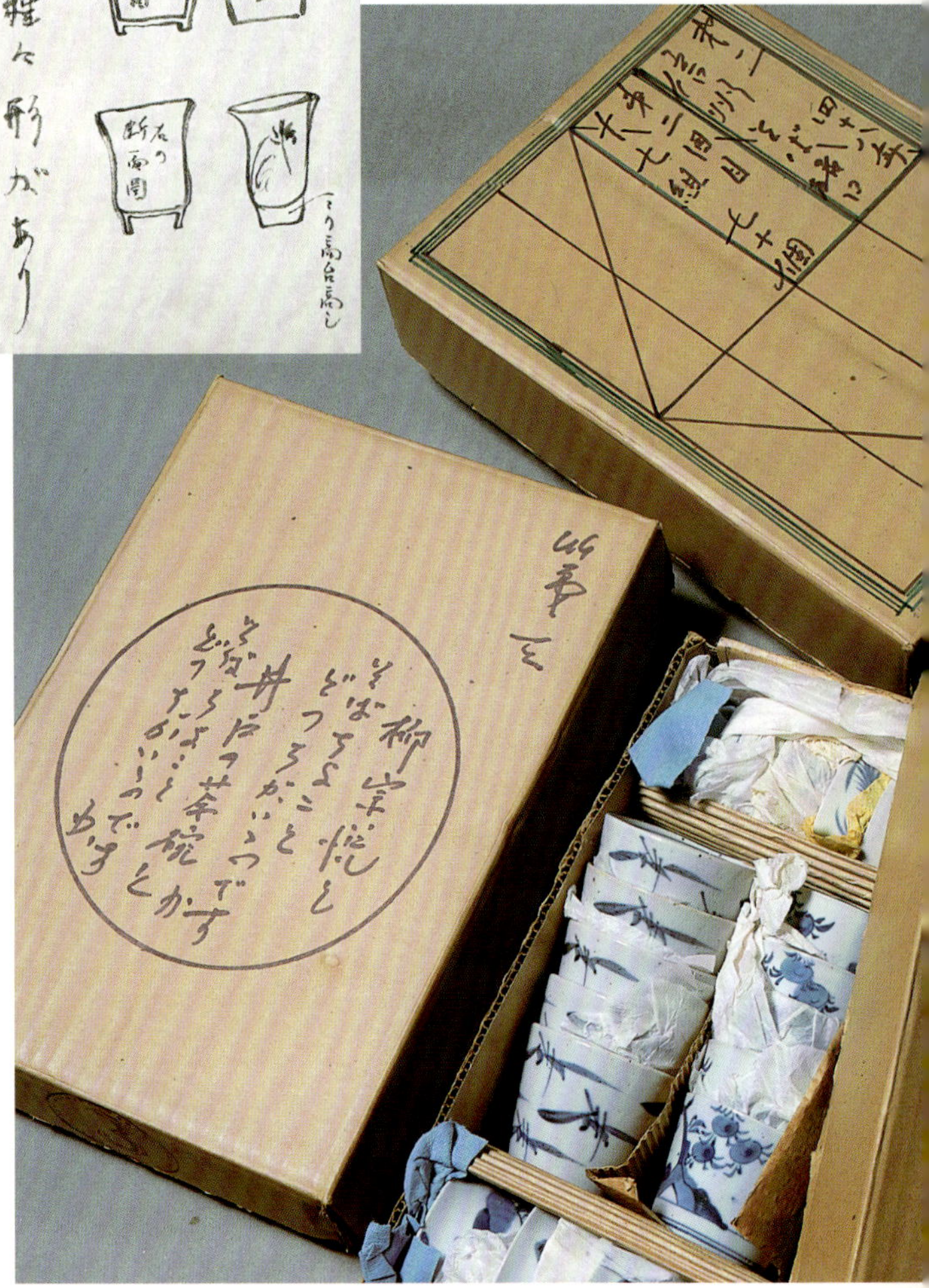

国の鑑賞陶器にも深く関わった。陶磁器の「本流」である中国古陶磁と、「下手」に美を見出した柳の民芸。両方に関心を持ちながら、縦横無尽、自由闊達にやきものの世界を動き回るのが、青山二郎であった。それまで埋もれていた民衆の工芸品や無名の職人たちの手仕事を掘り出し、美を発見した柳の眼に、青山は大いに触発され、自身のやきものに対する眼を重ね、柳を慕った。しかしいつしか下手物こそ本道、という価値観を押し付けるような教祖的存在となった柳に対し、青山は矛盾を感じ、離れていったのではないだろうか。

しかし、柳と青山が見出し選んだものを見ると、二人には共通の審美眼が宿っていたように感じられる。二人の別れは、美への眼の違いからではなく、青山がどんな「流派」にも属さずに「青山二郎流」の世界へと突き進んでいったからだと言えよう。

［上左］青山二郎筆の蕎麦猪口の絵。これは、柳宗悦が探していた蕎麦猪口を見かけたら教えてほしいと、ある友人への手紙の中で描いたもの。青山の熱心さが窺える　［上右］晩年の青山が蒐集していた蕎麦猪口類。箱を彩る文字が洒落ている。「柳宗悦とそばちょこどっちがいいのですか」などと見える

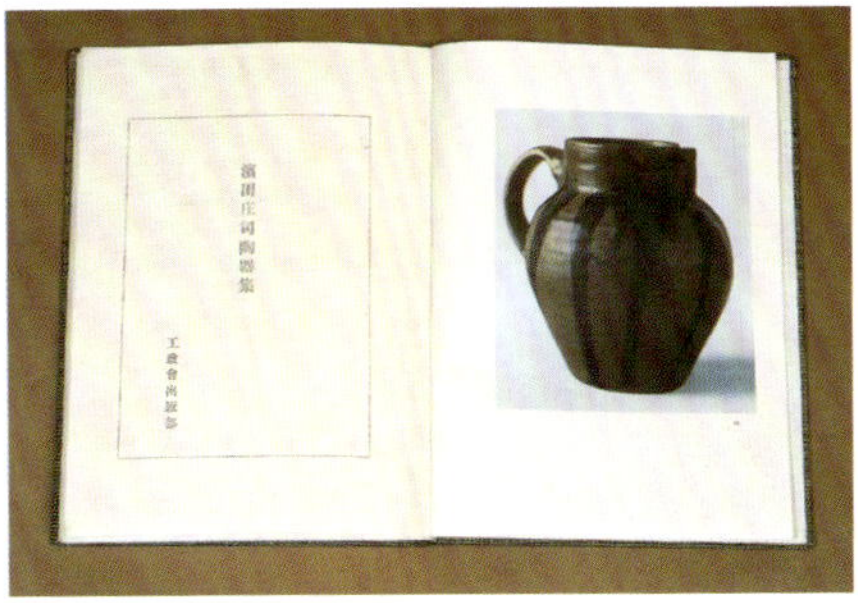

浜田庄司と深く付き合い後援会までつくった青山は、昭和8年に『浜田庄司陶器集』（上）を監修。そこに収載した水差（右）は、小林秀雄が所蔵したものである。下は水差の箱。青山二郎のほか、島木健作の名も記されている

小鹿田窯の土瓶。底には青山の字で「昭和六年六月吉日野村氏」とある（下）。野村氏は青山の最初の妻八重の弟で、朝鮮への買い付けにも同行した

いつも李朝を座辺に

［下］李朝足付膳　径43・2
［左］李朝三段棚　27・8×27・8×46・0
二点とも青山二郎の愛用の品

白磁壺「白袴」が「百万中に一つ」の李朝なら、飴釉の面取壺の類は、その他大勢のほうの李朝と言えよう。李朝末期に多くつくられ、当時の日本でもあまり価値は高くなかった。しかし、その中から面白いものを探し出してやろう、というのが青山二郎である。胴の一部分がぐっと凹んだ壺は、その姿の楽しさと存在感で、ただ一個しかないものだ。傍に置けば、白磁壺のような緊張感はなく、ひたすら寛いでいられる優しい空気を周囲に漂わせる。

朱の古びた味わいの膳や棚も、同じく青山が身の回りに置いたものだ。戦前に暮らした花園アパートの時代からすでに、日常の道具として李朝の工芸品を使っていた。

李朝の木工品を日本に広く紹介したのは、浅川伯教の七つ年下の弟、浅川巧である。兄を追って朝鮮に移住した巧は、植林事業に従事しながら、兄とともに朝鮮古陶磁の研究に尽力した。柳宗悦の最大の協力者として朝鮮民族美術館を設立させ、水滴や筆筒、陶の硯など、文人の時代としての李朝を物語る文房具類の蒐集にも力を注いだ。木工芸として膳の美術的価値を説いた巧の名著『朝鮮の膳』は、今でも朝鮮木工品の第一級資料である。そんな背景から、当時の知識人の趣味として、李朝の文房具や家具調度を座辺に置いて楽しむ文化が育まれた。青山の愛した李朝の小品もまた、浅川兄弟や柳宗悦らを輩出した時代の中で、青山に見出されたのである。

［左］胴の一部分がぐっと凹んだ飴釉面取壺
李朝　高24・0　青山自作の箱（下）には「珍中の大珍」とある。面白いものを掘り出し、楽しんで使う。そういう青山の姿勢は、白磁の名品でも飴釉壺でも変わりはなかった。
下は、愛用の江戸時代の違い棚に飾る

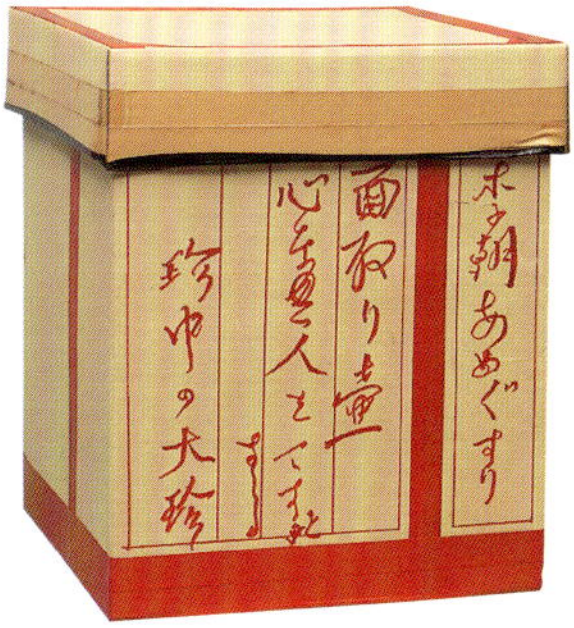

飴釉面取茶入　李朝　高7.0

「一個の茶碗は茶人その人である」

茶碗

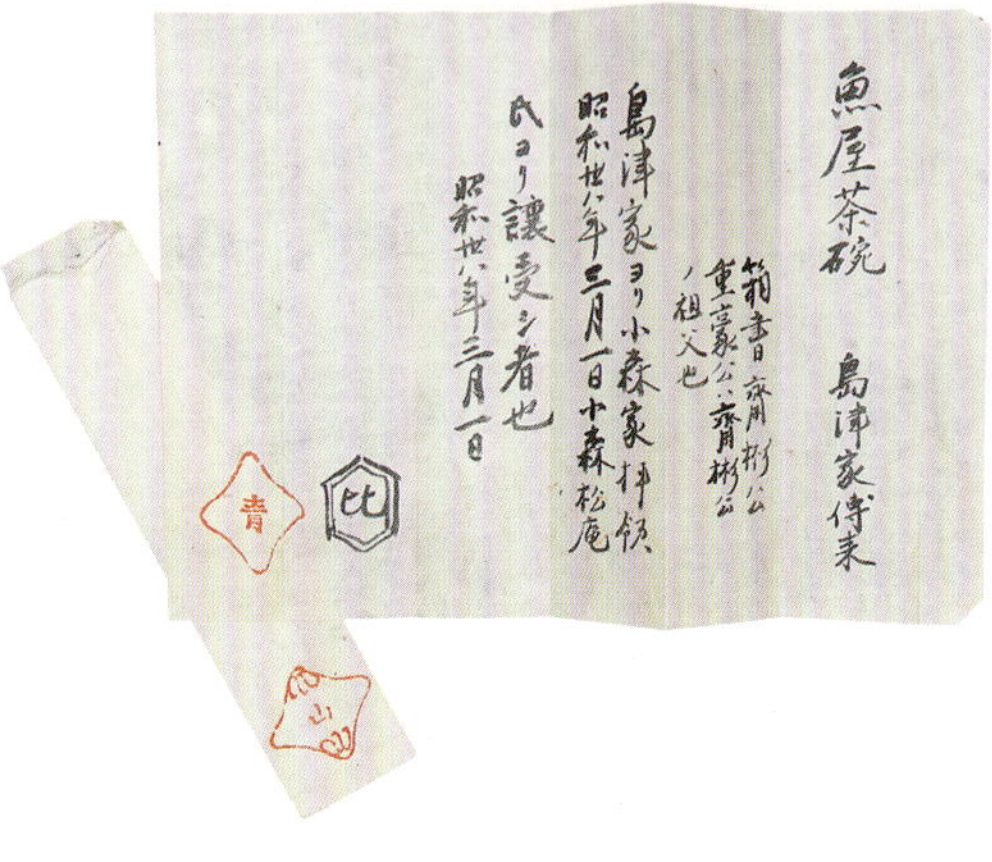

ととや茶碗　李朝　高8.0　口径15.0
ぶち割れとなった姿に「伝説」を持つととや茶碗。上は、広田煕によるこの茶碗の伝来書。広田の花押「比」の脇に青山二郎の印がある

茶碗ほど見所の多いやきものはない。その全体の姿や肌の味ばかりでなく、口辺の具合、見込みの茶溜まり、高台の土味と作ゆきが深く、掌に遊ばせて愛玩する悦びにあふれている。茶人でなくとも、やきもの好きには興味がつきないもの、それが茶碗であり、青山二郎もまた茶碗を愛した。ことに、利休の時代から朝鮮の雑器を茶碗に見立てた茶人の創造的な眼の力に惹かれたのだろう、青山二郎は井戸やととやなど高麗茶碗を多く手にしている。

ここに紹介した「ととや茶碗」は、青山が弄り、眺め、愛したものの一つ。ととやとは李朝から伝来した、一般に小ぶりで薄手の茶碗だが、これはどっしりと豪快で風格高い、島津家伝来の逸品である。継ぎだらけの姿となった経緯は、白洲正子の『「ととや」の話』に詳しく描かれている。元々、薩摩の武士の末裔である茶人小森松庵が島津家から拝領し、

代々大切に所蔵していたところ、戦争に出征する壺中居の広田煕が、今生の思い出に「ととや」を拝ませてほしいと松庵を訪れ、生きて帰れたらぜひ自分に譲ってほしいと頼んだ。戦後、無事帰還した広田は、すぐに松庵に会いに行ったが、おそらく松庵もいざとなったら惜しくなったのだろう、やる、やらないの押し問答になったのではないか、と白洲は想像する。カッとなった松庵が「そんなにほしいか！」と叫んで「ととや」を庭石に投げつけて、「ととや」はこっぱみじんに砕け散ったという。広田は無言でかけらを拾い集めて大切に持ち帰り、丹念に修理を施して松庵に返し、その後あらためて売ってもらったという次第である。すさまじいまでの疵物となったのに、「美しいことに変わりがないところに、日本文化の奥深さがある」と白洲は書いている。その後「ととや」は青山の所有となり、そしてまた人の手へ。その美の中にさまざまな人の物語を秘めて、いまここにある。

伊羅保茶碗　李朝　高9.0　口径14.6　青山が晩年手にした。鑑賞陶器や李朝に打ち込んでいた若い時期とはまた違う、時を経て青山の眼が選んだものである

李朝から伝来した高麗茶碗の一つで、器の表面がいぼいぼしていることからこの名がある。伊羅保は桃山、江戸初期の日本からの注文品が多く、茶人の作為や好みがよく現れている茶碗といえる。青山二郎は、「一個の道具はその道具の表現する茶を語つてゐる」のであって、「茶人を嬉しがらせる為に造られた思惑の多い」茶碗は「鳥が枝を離れて空に舞ふ様に、茶道を離れて、これ等の茶碗が我々の手に飛込んで来ることはない」と厳しく断じた（「日本の陶器」）。しかし一方で、李朝のやきものは「最も素直で自然」であると言った。晩年の青山は、注文品とは異なるこの伊羅保を掌に持ちながら、茶碗に秘められた「自然」を楽しんだのであろう。

堅手茶碗　李朝　高6.7　口径13.5　やはり晩年に入手した松平不昧公旧蔵の一品。釉のむらが景色となり、使えば使うほどに愛着を感じる茶碗だ

素地がかりっと焼き締まった堅手茶碗も、高麗茶碗のひとつである。釉が荒っぽく掛けられて素地が所々見えたり、むらができたり、それがまた景色となる。この茶碗は松平不昧公の旧蔵で、青山が晩年、山陰に旅した折に求めたものという。

絵唐津茶碗　桃山時代　高8・6　口径13・4
四面に描かれた文様は、果たして青山の言うとおり「水心如水」なのだろうか。左は「如」、右上から「水」「心」「水」とも読める

胴体四面に一つずつ、無造作に引かれた鉄砂の素朴な線描。絵というよりは文字を思わせる。鈍翁益田孝が愛蔵したこの茶碗を後に入手した青山二郎は、箱の蓋裏に「水心如水」としたためた。そう読めないこともないが、確かとは言いがたい。人間でも物でも、すぐにその特徴を鋭く見抜き、渾名をつけてしまう名人であった青山のことだから、直感的に「水心如水」と読み取ったのだろう。

この茶碗は、かつて李朝の絵堅手と言われていたが、近年は絵唐津で定着して

いる。枇杷色と淡青色に窯変した釉が美しく、見込みが広く、ゆったりと胴の張った姿も申し分ない優品だ。青山の後に所蔵した俳優の北沢彪によると、入手時には箱の蓋はあっても本体がなかったという。「聞けば箱の四面に極彩色で『女性自身』が描き散らしてあり、そのままではとてもお客様にお見せ出来ないので箱屋に削りに出してありますとのこと」（『骨董夜話　文字堅手茶碗』）。青山二郎筆極彩色の「女性自身」なるものを削り落としてしまったとは、「今思い出しても残念だ」と北沢は悔しがっている。青山は、この茶碗にいったい何を見、感じたのだろう。残念だが、それを確かめるすべはない。

箱の蓋裏には、青山の記した「水心如水」と印が残る

絵唐津茶碗　銘「たんぽぽ」　桃山時代
高8・7　口径10・0　青山が旅先で見つけ、愛蔵した「たんぽぽ」。素朴な草の文様が微笑ましい。見込や高台にも味がある。下は箱の蓋

「我が国の数ある陶器の中から、茶に採り上げ得る種類の陶器だけを『日本の陶器』と考へる事は、実に自然に、我々日本人が陶器から学んだ経験に過ぎない」（『日本の陶器』）。そう語る青山は、日本のやきものの中でも、とりわけ桃山時代に生れたやきものに関心を強めた。九州の唐津や美濃の志野、織部、黄瀬戸は、茶人たちの推進によって道具として、美術としての茶陶が一気に花開いた、いわば日本のやきものの「革命」といえる。唐津の茶碗もまた、彼の眼に叶うものが多かった。

　右頁は、青山が旅先の古道具屋で見つけ出し、自ら「たんぽぽ」と名付けて愛蔵していた茶碗。「手にとると、思いもかけないほど重いので、見ると、底の、見込みのところが、どう言う訳か土が一寸五分くらいの厚さのままに残してある。厚くなったけど、まア好いや、と言う風で気にもとめないでそのまま、作りながら、何の心配もなく、出来上ったままにしておいた、と言う具合に見える。鼠色の上釉の上に、何か絵が描いてある。青山さんは『たんぽぽ』と言う名をつけているけれど、たんぽぽではない。稚拙な、マッチの軸のような枝がぎくしゃく描いてあってどの枝の上にも、葱坊主のような点々のあるまるい花が描いてある」（「青山二郎の話」）と、宇野千代は、青山からこの茶碗を見せられたときのことを述懐する。青山は、「じじいと孫とが一緒になって、一生懸命、仕上げたものに違いないよ」と語ったという。箱には

絵唐津草文筒碗　桃山時代　高7.5　口径8.5
青山が10年使って、5000円が5万円になった
という「珍談」をもつ。のびやかな草文の逸品

「銘つみかこ」とあるが、青山はもっぱら「たんぽぽ」と呼んでいた。

左頁の茶碗は、道園窯という、古来、唐津諸窯のなかでも最も親しみある窯で作られたもので、壺中居の広田熙によれば、鉄砂釉の草文が「力まず、あせらず、さりげなく」のびのび描かれている。広田からこの茶碗を見せられた青山はたいそう気に入り、その当時五千円ほどで購入を予約、毎日毎日銀座の喫茶店へ持参して、この茶碗にコーヒーを注いで飲んで楽しんでいたという。が、十年もたったある日のこと。「『広田君、今なら幾らで買うかね』と言われるので、しばらく考えて、『五万円位なら頂きます』と答えました。と、『よし、決まった。君にはまだ五千円ばかり借金があるから、その借金を差し引いて四万五千円支払えよ』ということで、私が四万五千円を払いました」（広田熙「絵唐津の筒茶碗」）。「呑気な話ですが、後で気がついたときは時すでに遅し。大変な失策でした」と広田。まことに珍談だ、と、青山も笑いながらラジオ番組でこの話をしたという。

萩割り高台茶碗　江戸時代　高9.3　口径14.7　譲れない、と頑なに拒んでいた三輪休雪を、口説き落として手に入れた。「ととや」のような趣をもった茶碗である

萩割り高台茶碗　江戸時代　高8.5　口径13.5　やはり三輪休雪から手中に収めたもの。粉引のような白が、魅力である

右頁は、「ととや」を思わせる赤い色の萩茶碗と、粉引を思わせる白い萩茶碗。この二つは、青山二郎が晩年の昭和三十年代、萩の陶芸家、三輪休雪のところへ行き、休雪を口説き落として手中に収めたという茶碗である。掌に軽やかに収まるこの薄手の萩茶碗は、青山の愛した高麗茶碗を彷彿とさせる。

左頁は、白釉の帯ならぬ「たすき」が、ぐるりと斜めに胴を取り巻いた、モダンで洒落た茶碗だ。青山が山陰の旅の途中で手に入れたという。黒地に金のラインは大胆で、まさに桃山的、琳派的な意匠で、デザイナーでもあった青山が惹かれたのもうなずける。よく見ると、たすきの部分が幾分削られているようだ。白洲正子によると、青山は、入手した嘉靖（明時代の年号）の金襴手の茶碗をお湯につけたり、爪でこすったりして、見事な金の唐草文を剝がし、「よくなっただろう」と言ったという（「何者でもない人生　青山二郎」）。こうした青山流「味付け」をこの織部にも施したのではないかと、つい想像したくなる。

黒織部茶碗　銘「夕だすき」　江戸時代　高9・4　口径10・4　桃山の斬新なデザインはもちろんだが、腰まわりのなだらかなラインも美しい

COLUMN

コラム

利休への傾倒、『利久伝ノート』

茶の成り立ちや千利休に深く関心を寄せる青山二郎は、戦時下の昭和十八年「利久伝ノート」を書き始める（青山は利休をもっぱら「利久」と書く癖があった）。利休は「器物を愛し、茶事を愛したやうに、人間を愛した」「茶碗は利休の謎だつた」「器物が利休を生み、利休が器物を創作する」「茶とは器に対する愛だ。茶道とはそれの愛の戒めだ」等の言葉が並ぶ。他の著述のなかでも折にふれ利休が登場する。それらは難解であるが、青山の姿勢は一貫して、器物から入らないと利休はわからない、ということだ。それは、作家の顔や思想は、創作された物からしか見えてこないのだ、という持論であった。

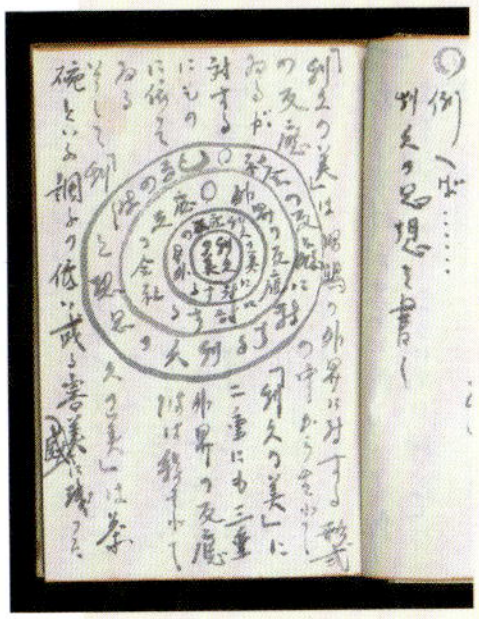

「利久伝」と記し、自ら表紙を彩ったノート。図まで駆使して、熱心に筆を進めた様子が伝わる

「人が視たら蛙に化れ」

日本の骨董

青山二郎は自分が大事にしていたものに、「人が視たら蛙に化れ」と口癖のように言っていた。日本の民話や昔話にも、好物の牡丹餅やお金を隠すときに「人が視たら蛙になれ」と言い聞かせる、という話がある。心の底から惚れたやきものは、その素晴らしさを見出した己の目の前でだけ輝いていればいいのだ、他人なんかが見たら蛙になってしまえよ。そんな恋人のような気持ちを込めて、愛しい陶器に「人が視たら……」と念じたのだろう。

また、「日本の陶器」の中で青山は、「大陸二千年の陶器も大概眺めつくして来ると、格別に『人が見たら蛙に化れ』と思ふ程の物もない」と書いた。完成された様式美をもつ中国古陶磁は、「見れば解る、それだけの物だ」が、それに対して日本の陶器には、人の見方によって、姿をくらませ自然と同化してしまうような面白さがある、というのだ。そんな日本のやきものに、青山は愛情込めて「人が視たら蛙に化れ」とつぶやいたのである。

青山は「日本の陶器にかたちがあるの

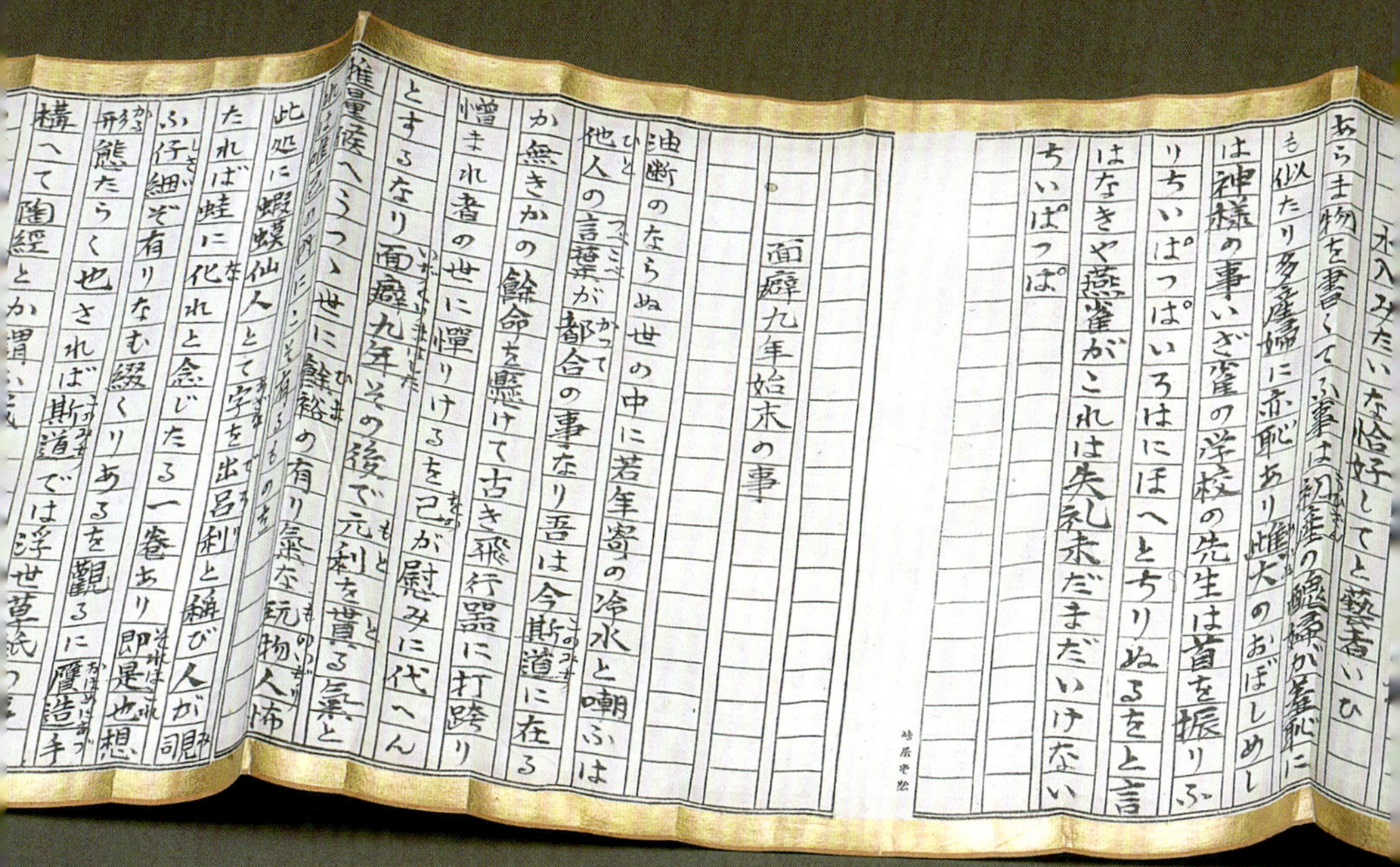

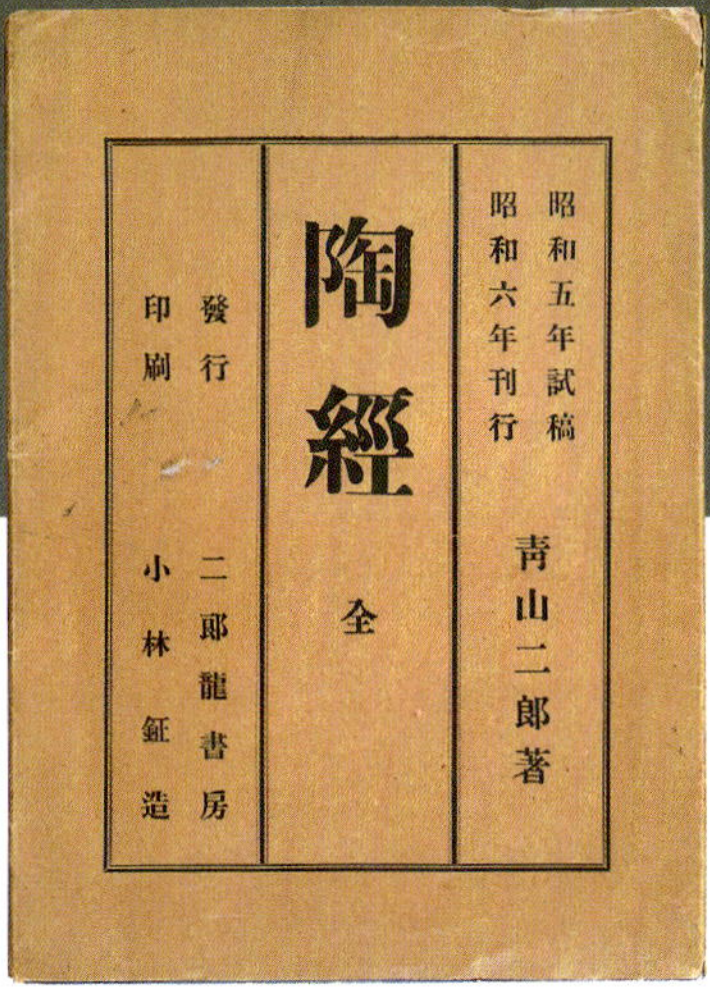

『陶経』
青山二郎自筆による巻物仕立て。左は昭和6年、限定50部で二郎龍書房から刊行。二郎龍書房とは青山二郎と永井龍男の二人で洒落でつくった版元だが、その後ほどなく廃業した。全5000字余、10条から成る青山の処女出版作で、やきもの鑑賞の心得を説いた書物である

は奈良時代まで」と語っていた。その教えを受けた白洲正子は、日本のやきものは「形があるのは、古代の須恵器か、古瀬戸くらいまでで、室町・桃山時代になると崩れはじめる。室町・桃山時代といえば、茶道が発達した頃で、人は完全無欠なものより、動きのある形を好むようになった。時には欠けたり、ゆがんでいたりしても、ゆとりがあって、自然であれば、何もいうことはない」（「何者でもない人生　青山二郎」）と言う。

中国の鑑賞陶器に出発し、「百万中に一つ」しかない李朝のやきものを第一等においた青山だが、「ほんとうは日本の焼きものが一番好きだったと思う」と、白洲正子は書いた（「いまなぜ青山二郎なのか」）。「一目瞭然」の中国陶器の対極にあるともいえる、自然と化すような日本のやきものに、青山二郎は行き着いた。

大甕の迫力

「はぎづくり」といわれる、轆轤で作った円筒を重ね積みして成形した大きな甕。微妙に傾いだ口、躍動感のある形、肩に降りかかった灰の景色、下部の赤みがかった褐色の具合と、その全体からかもし出される存在感は圧倒的だ。青山は、日本の中世の壺や甕をあまり持たなかったが、この信楽大甕は別物だったようだ。元文圃堂主人の野々上慶一が和子夫人に聞いたところによると、青山は京都の骨董店でこれを求め、自宅マンション五階のベランダにしつらえた庭の一角にこれを置き、時々ホースで水をかけて楽しんでいたという。この甕に一目惚れし、青山家を訪問するたびに熱いまなざしを送っていた野々上の様子を見ていた夫人は、青山の死後、野々上にこの甕を青山の形見にと贈った。

晩年暮らしたマンション、ビラ・ビアンカのベランダに
左頁の大甕を置き、くつろぐ青山夫妻

信楽大甕　室町時代　高62・3
豪快でありながら、優美さも兼ね備える。自然釉の景色に圧倒される名品だ

信楽、根来の味

信楽大壺　室町時代　高47.4

信楽　蹲（うずくまる）　室町時代　高13・5

壺は二点とも青山二郎旧蔵のものである。自然の釉がつくる信楽の肌の味は、日がな一日眺めていても飽きることがない。丸みの強い小ぶりの壺は、人がうずくまった姿に似ることから「蹲（うずくまる）」と呼ばれている。この蹲は、手で撫で回したくなるような丸みが特徴的だ。口のかけた壺も、不完全となったものゆえの美しさがそこにある。

［上］根来椀　江戸時代　高11.0　口径15.3
［中］根来足付膳　江戸時代　高16.0　径35.2
［下］根来角切盆　江戸時代　辺34.5
いずれも、青山二郎が愛用した、日々の道具である

根来は、下地の黒漆に朱漆を塗り重ねた漆器で、紀州の根来寺で使われてきたことに由来する。長い間使ううちに、朱が剝げ落ちて黒が顔をのぞかせ、落ち着いた色合いに変化していく。留まることのない、移ろい行く色の味を、青山二郎は好んだ。そんな根来の盆や椀を日々の暮らしに使い、愛でていた。

織部大好き

織部松文徳利　桃山時代　高20.3
他の2つに比べ、明るい織部。線がのどかで愛らしい

釉の流れと絵付けの華麗さが、織部の身上。この三つの徳利は、青山が愛蔵したもので、肩まで緑釉が掛かり、胴に絵付けが施され、織部の特性が存分に発揮された名品といえる。利休や織部が生きた桃山の自由で潑剌とした時代の空気を、青山はこれらの徳利に感じとり、愛用したのだろう。

織部柳文徳利　桃山時代　高21.3
なで肩に、くっきりと濃い緑釉、青々と
繁る柳葉というコントラストがいい

織部沢瀉文徳利　桃山時代　高19.3
戦後すぐに青山二郎が手に入れ、その後
宇野千代が蔵した

織部輪花向付　桃山時代　高8・5
口径10・0　お気に入りの一つ。正面からも、裏からも、見込を見ても、飽きが来ない。型破りの織部は、青山を喜ばせた

鑑賞陶器から出発した青山二郎は、年を重ねるに連れて、織部や志野、黄瀬戸などの桃山陶に関心を深めていった。ことに織部の絵筆の動き、型破りなデザインが、青山の眼をとらえて離さなかった。

輪花の向付は形の妙味はもちろんだが、可憐な草や花の絵は、どこから眺めても目を楽しませてくれる。型変わりで織部の向付を一つずつ集めていた青山二郎の、最も気に入っていたものという。

片輪車文の蓋物は、見込みに、流れるような闊達な絵筆で、車輪や蟷螂の絵が描かれる。これは、猟に出た斉の荘公が乗る車にカマキリが立ち向かってきたという、ことわざ「蟷螂の斧」の元となった中国故事を図案化したものである。蓋をあけて見ると、カマキリが現われ、大胆な意匠に驚かされる、という桃山茶人の趣向である。こんなデザインの遊びもまた、青山二郎を楽しませた。

織部片輪車文蓋物　桃山時代
20・9×18・7×10・9
蓋をあけると、予想外の図柄に驚く。そんな桃山の茶人の遊び心にあふれた作品である

光悦に惹かれて

本阿弥光悦作　山月蒔絵文庫　江戸時代
39・2×34・5×9・7　蓋裏（上）は、
左頁の硯箱の蓋表と同じモチーフ。蓋表
（下右）は鷹ケ峰図。中の底面（下左）
は檜梅だ

織部に惹かれた青山二郎の眼は、琳派にも向かう。とくに、桃山から江戸初期にかけて、その斬新なデザインで一世を風靡した本阿弥光悦の作品は、青山の心を強くとらえた。

大きいほうの蒔絵文庫（右頁）は、青山二郎が昭和三十八年頃入手した光悦作品。蓋の表には、大きな満月が山の稜線にかかる鷹ケ峰図。静かな峰の月夜である。蓋を裏返せば一転して、鷹ケ峰の麓であろう、三本の杉の幹がすっくと上に伸び、たたずむ鹿は今にも動き出しそうだ。箱の内底には檜梅、側面の周囲には蓮の花。図柄の構成の大胆さや、鉛や螺鈿を配した素材あしらいの巧さは、光悦ならでは。青山二郎は、亡くなるまでこれを大切に手元に置いていた。

それよりやや小ぶりの硯箱（左頁）は、蓋表に描かれた杉の幹と鹿の図を見ると、明らかに同じ光悦の図案である。こちらは青山二郎の亡くなった後、和子夫人が長野県・湯田中で出会い、入手したという。二つは初めから対であったと思われる。

本阿弥光悦作　鹿図蒔絵硯箱　江戸時代
24.8×21.7×6.3（上下とも）
和子夫人が後に見つけた、少し小ぶりの硯箱。蓋をあけると、中面は和歌の散らし書き（下）

このぐい呑は
すなわち私だ

酒器

青山二郎とその友人たち、「青山学院」の面々は、日夜集っては酒を飲んだ。唐津のぐい呑を手に握って議論を戦わせたのである。茶人にとっての表道具が茶碗なら、「青山学院」のそれはぐい呑であり徳利であろう。「一個の茶碗は茶人その人である」と言い切ったように、このぐい呑はすなわち私だ、と言えるぐい呑を青山二郎は常に手にしていた。そして後に、たとえばそのぐい呑を小林秀雄が買い取って愛用し、その後白洲正子の手に渡る。彼らはぐい呑を通して、お互いを丸ごと呑み込み、理解した。あたかも戦国時代の武将たちが、一つの茶碗をやりとりしたように。

昭和25年、壺中居にて。青山二郎（右）は粉引徳利「酔胡」を、小林秀雄は絵唐津のぐい呑を手にしている

粉引徳利　銘「酔胡」　李朝　高16・0
骨董好きで酒飲みならば、誰でも一度は持ちたい徳利である。この大きく膨らんだ形、粉引の肌は、何物にも代えがたい

右頁は、浅川伯教、松永耳庵、青山二郎と受け継がれた粉引徳利。耳庵が「酔胡」と銘をつけたが、青山二郎が所持していたときは「狸の金玉」と呼んでいた。渾名づけの名人だった青山二郎の面目躍如であろう。大きく風船のように膨らんだ、安定感のある形と、粉引のやわらかな土色が魅力である。

左頁の井戸徳利は、やはり腰が大きく膨らんだかたち、肌の味の良さにつきる。

井戸徳利　李朝　高10.8
青山二郎が生涯持っていたいと願った徳利

しばらく持っていると新鮮味を失い、「二つの物を二年も三年も持つてゐたことはない」青山二郎だったが、この井戸徳利は、生涯持っていたいと思った数少ないやきものであった。『愛陶品目録』にはやきものの自筆スケッチはたった二枚しかなく、一つが井戸茶碗の絵（7頁）で、もう一つがこの井戸徳利の絵。口造りから染みの具合まで、愛情を込めて、一筆一筆丹念に描いている。まわりに添えた詞書には、「唯見ればなんのことも無い／李朝白磁のシミ徳利だ／あり得べからざる『酒の徳利』／酒の徳利として／茶碗のやうに／尊い……」とある。

下から高台をつくづくと眺めても、
飽きることのない徳利だ

唐津盃　銘「虫歯」　桃山時代　高5.2　口径6.0
枇杷色の肌をした器量良しが、ちょっとすねて頬を膨らませた瞬間だ。美しく、いとおしい、優品中の優品

高台は大きくたっぷりとしている（左）。
箱の蓋裏には、青山の丁寧な自筆文字（右）

青山二郎は酒器のなかでも、とくに唐津のぐい呑を好んだ。李朝のやきものと同じく、素地の魅力で迫ってくる唐津は、材質感にこだわる青山にとって、特別なやきものである。今でこそ、酒飲みの骨董好きは唐津のぐい呑に高額を払うが、こうしたブームも、青山二郎らが火付け役となって起こったものと言える。

青山二郎が「虫歯」と名付けたぐい呑は、片方の頬が膨らんでいて、まるで歯痛で顔をゆがませているかのようだからだろう。形も肌も、じつに愛嬌があり味のある優品だ。箱の蓋裏には「伊豆伊東玖須美竹町竹台住人之愛蔵不孤斎之値即莫大也余之愛玩陶器中五指之中優物也」と几帳面な字で書かれてあり、愛着ぶりが伝わってくる。

左頁の三点も青山が愛用した唐津のぐい呑。青山は旅に出ると、気が向けば長期の滞在となり、お金はいくらあっても足りなくなる。ぐい呑から湯呑、急須、茶碗、掛軸まで宿に持参していた青山は、その出費の代わりに知人に売ったり、あるいは気前よく贈ったりしたという。下の二点は、そんな経緯で小布施の友人、桜井佐七氏（94頁）に手渡された唐津盃である。

唐津筒盃　桃山時代
高6.2　口径7.3

斑唐津盃（2点とも）　桃山時代
それぞれ高4.0　口径7.0　上は、
呼び継ぎの盃

〔骨董をめぐる付き合い〕

小林秀雄

青山二郎と小林秀雄の関係を語る時、必ず引き合いに出される一枚の写真がある。壺中居の座敷で、小林が絵唐津草文ぐい呑を、青山が粉引徳利「酔胡」を手にするこの写真（78〜79頁）は、昭和二十五年に濱谷浩が撮影したものだ。いかにも「現代文人骨董趣味の教祖」に似つかわしい一コマだ。

二人が出会ったのは大正十三年頃のこと。柳宗悦とともに民芸運動にのめりこみつつあった青山の元に、小林は足しげく通ったという。若き小林は、きっといっしょになって骨董探しに明け暮れていたのだと思ったら、さにあらず。骨董商や展覧会に青山と連れ立って歩きながらも、当時の小林は骨董に全く興味を示さなかった。小林が骨董に「開眼」するまでには、青山と知り合ってから実に十数年もの歳月が必要だったのだ。

そんな小林が、突然骨董に目覚めた。
「ある日、その友人と彼の知合いの骨董屋の店で、雑談していた折、鉄砂で葱坊主を描いた李朝の壺が、ふと眼に入り、それが烈しく僕の所有欲をそそった」
（小林秀雄「骨董」）

小林に「狐がついた」瞬間である。「その友人」というのは、もちろん青山二郎。以来、青山は陰に陽に小林の骨董買いを導きながら、やがて互いの眼力を競い合うようになってゆく。気に入ったものはとことん弄くりまわし、弄くり果てると惜しげもなく手放して次の獲物を探すというあたりも、二人の骨董鑑賞術は同じであった。

小林が書き残した、数少ない青山のエピソードのひとつを紹介しよう。
「彼は当時、掘出し物株式会社というものを空想した。俺の目で睨めば、東京の骨董屋だけでも、掘出し物なぞごろごろしている。資金がないだけで、放って置くのは、全く勿体ない、と言うのが大真面目な彼の話なのである。私にも株を持てという。例えばこれが第一回の買物だ、と言って、この無地の唐津を見せた」
（小林秀雄「徳利と盃」）

件の「無地の唐津」が左頁の盃。結局、会社は実現せず、唐津は小林が引き取った。小林は、三十年以上にわたってこの盃を愛用し、後に白洲正子に受け継がれた。ちなみに、下の「粉引耳付茶碗」もまた、青山から小林へと渡っている。

「過去はもうたくさんだ」
昭和二十八年、洋行帰りの小林を出迎えた青山に、小林が投げつけたこの一言が、二人の関係に終止符を打った。天才と崇め、骨董の師と仰ぎ、親友として互いに研鑽してきた青山に対し、小林がどんな思いでそんな言葉を吐いたのか。いずれにしても、骨董という触媒によって、青山二郎と小林秀雄という二人の巨人はより深く結びついたことはまちがいない。その深さ故に離れざるをえなかったのだとしたら、皮肉な結末であった。

唐津盃　桃山時代　口径4.8　青山から小林、そして白洲正子へと渡った盃。「人が見たら蛙になるョ、とでも言いたげな、実に何でもない姿をしている」と白洲は記した

粉引耳付茶碗　李朝　口径16.2　粉引の茶碗に耳が付いたものは、きわめて珍しい。たっぷりと釉のかかった肌が美しい、名碗である

白洲正子

白洲正子は骨董好きであるが、蒐集家ではない。たとえば旅の途上で見つけた道具屋でも、埃をかぶった皿や小鉢から自分好みを見出し、それを日常使いにする。実用の道具として使って初めて、骨董はその美を発揮する。欲しくなったら、いてもたってもいられないが、一度手に入れたら、案外あっさり手放したりもする。「陶器は買ってみなければ解らないという。が、売ってはじめて解るものもある」(「韋駄天夫人」)。それが白洲正子の貫いた、骨董との付き合い方だった。

そんな白洲のいわば「生みの親」が、青山二郎であった。小林秀雄と青山の交わりが「高級な友情」なら、白洲と青山もまた、深く結ばれた師弟であった。

白洲が青山に出会ったのは、戦後の昭和二十一年頃。鶴川の白洲家に疎開していた河上徹太郎が、週末に伊豆の青山の許へと通い、白洲の敬愛する小林秀雄らも集っていた時代だ。白洲は、小林、青山、河上の男同士の緊密な友情に猛烈な嫉妬を覚え、「どうしてもあの中に割って入りたい、切り込んででも入ってみせる」(「いまなぜ青山二郎なのか」)と決心。ある日、偶然、青山二郎に会って以来、白洲は青山の「弟子」になった。

しかし、当時「青山学院」の〝生徒〟たちはもう皆一流の文士となり、白洲は最後の生徒、〝みそっかす〟。憧れていた青山との付き合いは、予想以上に苦しい修業だった。昭和三十一年、白洲が銀座に染織工芸店「こうげい」を持つと、青山は決まって夕方に顔を出した。そして日本橋の骨董屋を回り、行きつけの寿司屋に寄って、バーを何軒もはしごする。帰るのは明け方。酒の弱かった白洲が、

紅志野香炉　桃山時代　高8・0　口径8・1
白洲正子が初めて買った骨董。「こればかりは美しいなんて思う間もなかった。思うより先に手が出たのである」(「韋駄天夫人」)。箱の蓋裏中央には「青山二郎」の印がある

不眠と深酒のため三度も胃潰瘍を患ったことは有名な話だ。それでも白洲は「見るもの聞くものが珍しく、胃潰瘍なんかに構っている暇はなかった」（「何者でもない人生　青山二郎」）のである。

　樺山伯爵家に生まれた白洲正子は、子供の頃から大名家の売立てなどに連れて行かれ、父の友人である益田鈍翁や原三渓ら大茶人や蒐集家に囲まれて育った。能を舞い、好奇心いっぱいだった正子に、中国の書画骨董を見せ、鑑賞の仕方を教えたのが、旧熊本藩主で美術史家の細川護立だ。壺中居をはじめ名だたる骨董店を正子に紹介したのも細川だった。

　青山は、骨董について白紙状態だった小林秀雄に対しては、つきっきりで世話を焼いた。一方、こういう背景を持つ白洲に対しては、何一つ教えず、勝手に物を買わせては、ずばずばものを言った。

　かつて白洲は壺中居で、表に薄、裏側に水草が描かれた紅志野の香炉を見て一目惚れし、値段も考えずに抱いて帰った。生まれて初めて買った骨董だ。包みの絹布には「コレヲ持ツモノニ呪イアレ」と

記してあった。それが青山二郎の書と白洲が知ったのは、もちろん後のことである。青山独特のユーモアで、よほどこの香炉を愛していたに違いない。じつは、これは青山が戦前に瀬津雅陶堂で買い、広田熙の復員と壺中居の再開を祝って譲り、宇野千代の手を経て、白洲正子が月賦で買ったものだった。そんな経緯も知らぬまま、この香炉を青山に見せると、「フン」と言ったきり、もう済んだことだと言わんばかりに無視された、という。

　これに限らず、白洲が戦利品を見せに行くと、「何だこんなもの、夢二じゃないか」と馬鹿にする。「夢二の絵のよう

オランダ色絵ジョッキ（デルフト）　高16・0
十七〜十八世紀、技術が完璧でない時代のオランダ陶器で、ぬくもりと味が日本の茶人に好まれた。これは青山二郎、秦秀雄の手を経て白洲正子へ渡ったもの

［右］絵唐津草文ぐい呑　桃山時代　高7.5　壺中居の広田煕氏が白洲につい見せたことから、両者あの手この手の「争奪戦」が繰り広げられた話は「韋駄天夫人」に詳しい。78～79頁の写真で青山二郎と向き合う小林秀雄が手にしているのが、このぐい呑。数奇者にとって「涎がたれる」逸品である
［左］絵唐津草文筒茶碗　桃山時代　高7.8　秦秀雄、小林秀雄、川端康成、白洲正子に愛玩された。無造作で力強い絵が美しい

に、空ばかり眺めて美にあこがれている、要するに、頭脳の所産ではないか、というのである」(「いまなぜ青山二郎なのか」)。ものを見る時に生半可な知識は邪魔だ、すべてを捨てて「目玉」だけになって見よ。青山は、そういうことを態度で白洲に教えていたのである。

白洲は、いつか青山を出し抜きたいと、一人で歩き、気に入ったものを買っては見せた。すると、「フン、これは昨日僕が売ったものだ」と言われることが何度もあった。その度がっかりするのだが、「不思議なことに骨董というものは、そう見当違いの所を歩き廻らないようで、わずか四、五人、多くて十人くらいの数奇者の間をめぐっている」(「何者でもない人生　青山二郎」)ことに気づく。

青山は愛弟子の白洲に「韋駄天」と命名し、「勇気がある」と褒めた。蛮勇か、猛勇か、と白洲本人は言うが、師に切り込んでいったからこそ、美を見抜く眼を得て、「白洲正子」が誕生したのである。

色絵染付鮑形鉢　北大路魯山人作　昭和10年代　長径29.0
世田谷美術館蔵　青山は魯山人のやきものについて、美味いものを食べたいという実に簡単明瞭な理想が、彼のやきものへの夢であり、志である、と語ったという。そんな陶工は他にはいない、とも。だから、時代を経てもなお、魯山人の食器を越えることはできない

眼に叶った陶芸家

北大路魯山人

料理人にして、陶芸家、書家、篆刻をよくし、絵まで描くという多才な男、北大路魯山人は、しかし相当評判の悪い男だったようだ。気難しくて偏屈で、傲慢で、そのくせ商才に長けている——そんな世評を受けていた魯山人を、青山は「天才的に人が見えない」狸だと評している。一見、否定的にも見えるが、そうではない。青山は魯山人の人となりについてはともかく、彼の料理も陶芸も高く評価していたようだ。

「世間の識者は魯山人について様々な批評を下すが、魯山人を識る必要があつたら、一度魯山人から数ある技能を取り去つて、眺めて見ることだ。（中略）詰り世間では魯山人といふ人間が嫌ひだから、それで作品まで酷評を下すに到つたのである」（「北大路魯山人」）

好き嫌いという低レベルの話ではなく、魯山人の作ったものを虚心坦懐に見よ、と青山は言っているのだろう。では、そ

絵瀬戸鉢　北大路魯山人作
昭和初期　口径21.0　世田谷美術館蔵

総織部四方向付（3点のうちの1点）
北大路魯山人作　昭和初期
一辺11.1〜11.5　世田谷美術館蔵

赤呉州水注　北大路魯山人作
昭和初期　高8.5　世田谷美術館蔵

志野台鉢　北大路魯山人作
昭和10年代　径25.6　世田谷美術館蔵

の作品を、青山はどう評価していたのか。自ら星ヶ岡茶寮の厨房に立って庖丁を使い、客をもてなす魯山人に対し、「だから料理の事は、魯山人に文句の附けやうが先づない。（中略）それが本音で、頭の上らない決定的なことを私に教へたのは小林と、この料理の魯山人である」（同前）とまで言っている。

　また、彼の陶器については、「料理と瀬戸物は離すことが出来ないが、それを一人で握つてゐる所が魯山人の独壇場である」とし、「誰に愛され何処に使はれるか、といふ事が勝負だ」（同前）と説く。盛り付ける料理を知っているからこそ、器が焼ける。焼いた器を知っているからこそ、料理を盛ることができる。そんな陶工はほかにはいない。そこに魯山人の魅力があると、青山は言う。

「ところが、魯山人のことを書いたと言ふだけで、私は信用を失ふ」と嘆きながらも、「……口さへ利かなかつたらトウに彼は無形文化財になつてゐたらう」（国焼茶陶展と魯山人）」とその技量を高く評価していたことは間違いない。

眼に叶った陶芸家 加藤唐九郎

昭和三十四年、重要文化財に指定された「永仁銘古瀬戸瓶子」が、実は加藤唐九郎の作であった……日本美術史上の大スキャンダル、いわゆる「永仁の壺」事件で、陶工加藤唐九郎の名が一気に知られるようになった。この騒動自体に、青山は繰り返し疑問を投げかけているのだが、それはともかく、陶工としての唐九郎を、そして彼の作品を、高く評価していた。

事件以来、二度目の個展が開催された際、青山は「唐九郎を〝鑑定〟する」という、挑発的な題の文章を書き記す。

「私は現代の陶工には、茶碗は出来ないものと諦めてゐたのだから、茶碗だけの個展と聞いて名古屋に着いた晩少しがつかりしたのだが、初日の朝早く行つて見て魯山人の茶碗より良いので胸をなで下ろした、本当にホツとした。永仁事件の解決の鍵は、唐九郎が今後永仁の壺以上の物を造つて行くことだ。早い話が重要

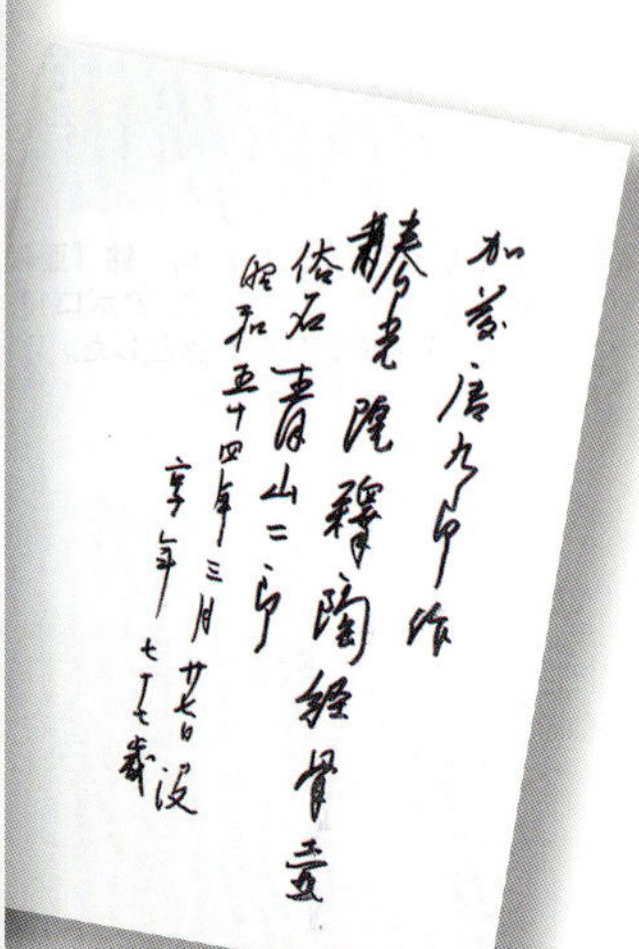

唐九郎が青山のために焼いた黄瀬戸の骨壺。「春光院釈陶経」の法名を得た青山は、唐九郎に抱かれて、谷中の玉林寺に眠っている

美術品以上の物を造ることだと前に言つたが、唐九郎は軽くそれを実現して見せた」(「唐九郎を〝鑑定〟する」)

そう評価する一方で、魯山人を引き合いに出して、やはり饒舌に美を語る口が邪魔をすることを懸念している。新聞記者に「陶器の美とは?」と質問されたとき、「銘々の考へてゐるものが陶器の美に違ひない。さういふ愚問には答へるな」と諭す青山に対し、唐九郎は「黙つてゐろ」と叱り、蜿蜒と弁舌が始まった。

「唐九郎の焼物は、今後まだまだ良くなる一方だらう。だがそれと同時に、彼の饒舌も輪をかけて、益々世間を煙に捲く積りだらうが、どつこいこれが魯山人・柳宗悦と同じ結果を招きはしまいかと言ふことを、先づ恐れる」(同前)

魯山人も柳も「下らぬお喋り」によって落ちるところまで落ちた。唐九郎にはそうなって欲しくない。青山が認めた、数少ない同時代の陶工の一人に対する切実な想いが溢れる一文だ。

青山は今、そんな想いを寄せた唐九郎の焼いた壺の中で眠っている。

加藤唐九郎作　志野茶碗　銘「亜幌」　昭和44年　口径12.6　右は高台、見込、箱蓋裏。この年7月、アポロ11号が人類初の月面着陸に成功。唐九郎はその歴史的出来事を銘とした。下は青山二郎編「加藤唐九郎手製図録」

ジィちゃんの冬の楽しみ

青花蓮花向付　明時代　径15.0〜16.0
5客揃いの古染付蓮花向付は茶道具の逸品。青山が晩年、高田の「遊心堂」で求めたものだ。箱の蓋裏に、青山二郎自作の印が貼られている

やきものを弄り、酒器を手に文士たちと親密に交わる一方で、青山二郎は、内にこもることのないアウトドア派でもあった。青山が長野の志賀高原へ初めてやってきたのは、昭和三十五年。志賀の自然をすっかり気に入り、以後毎年冬を過ごす。スキーよりもカメラに凝って、雪山風景を写真に収めたり、海外から取り寄せた雪上自転車を操ってゲレンデを疾走したり。志賀高原ホテルに一ヶ月ほど滞在、長いときは二ヶ月を越したという。

しかし冬山にあっても、骨董弄りは止まない。昭和四十四年のこと、ホテルの支配人の運転で山を下り、小布施の町を通りかかった青山は、栗菓子の老舗、桜井甘精堂の前で突然車を停めさせた。数年前から骨董買いを始めていた主人、桜井佐七さんが店先に置いていた李朝の小壺を指差し、「これ、売らないの？」と言う。売り物ではないとの返事に、「他に何かあれば見せてよ」。桜井さんが何点か見せると、「これはダメ、これはマアマア」と遠慮がない。そこで名刺をもらい、桜井さんは初めて「青山二郎」と知った。以来、二人の長い付き合いが始まる。

青山は志賀高原に来ると、三日にあげず桜井さんを呼び出し、湯田中で遊んだ。桜井さんの友人で陶芸家の宮沢四郎さんも巻き込み、料理屋の座敷で夜中まで座談を楽しむ。長野や須坂、小諸など、周

志賀高原で雪上自転車に乗る青山二郎。スキーと自転車が合体したような乗り物で、オーストリアのスキー用品ブランド、HEADから取り寄せた

辺の骨董屋も一緒にずいぶん回った。なかでも新潟県高田の「遊心堂」は青山のお気に入りだった。そこで初めの頃、ひと通り品物を見た後、青山に「あなたは何が欲しい？」と聞かれた桜井さんが李朝の小さな香合を指すと、「医者の鞄に手を突っ込んではいけないよ」とたしなめられたという。今の自分が持つべきものをしっかり見極める眼を持て、ということか。「骨董を見る眼を実地で鍛えていただきました」と桜井さんは振り返る。

冬はジィちゃんにとって、若い友人たちとの骨董屋めぐりの楽しい旅であったようだ。桜井さんは、青山から分けてもらった斑唐津のぐい呑（83頁）や李朝の鏡台を、今も大切に手元に置いている。

鏡台　李朝　17.0×25.0×22.0
「遊心堂」で桜井佐七さんが先に目をつけたが、「買う」と先に言った青山が入手。我慢した桜井さんに「死んだらあげる」と青山は言った。その約束は守られて、今桜井さんの手元にある

III 装幀デザインの美

借金の覚書まで美しく彩る「装飾魂」は、生涯衰えることはなかった。手間ひまかけた装幀本は、その数四百あまり。気に入りの陶器の文様をモチーフに、手書きの文字を大胆に使う、青山二郎独特の本のデザインは、多くの読者を魅了した。

青山二郎が装幀した本の一部。小林秀雄や河上徹太郎、中原中也をはじめ、宇野千代、白洲正子などごく親しい友人たちの著作に、独自の装いを施した

小林秀雄著
無常といふ事
アラン
小林秀雄譯
精神と情熱とに関する八十一章
創元社
眼の引越
青山二郎
島木健作
生活の探求
河出書房
中原中也著
在りし日の歌
創元社
人形師天狗屋久吉
駱駝の瘤にまたがつて
續々文藝評論
小林秀雄著
一九三四年
芝書店
續生活の探求
島木健作

余技の真骨頂 青山二郎の装幀

文……蝦名則

直木三十五『南国太平記』前・中・後篇　昭和6年、誠文堂、番町書房、四六判。中篇と後篇は同じ装幀。後篇のみ、倉橋藤治郎が一時作った出版社、番町書房からの刊行となっている

青山二郎が装幀した本は生涯でおよそ四百点、全集や叢書、雑誌を一冊ずつ数えれば二千冊にも及ぶ。質量ともに装幀家の第一人者であった恩地孝四郎は、四十三年間で五百二十三点の仕事をしたが、青山は昭和六年から五十一年までの四十五年間で、実質的には昭和三十年過ぎまでで約四百点だから、余技を標榜していたにしては刮目していい数量である。

　年譜をみると中学生で絵を描き始めるとあり、二十歳頃には中川一政に本格的に油絵を習っている。培った画技は装幀の仕事に役立ったことだろうが、その頃の毛筆の手紙を見ると、稚拙な字にも絵にもある種の「味」があって、これは天性のものだったに違いない。

　青山は借金帖さえ美しく飾った。永井龍男はエッセイ「麻布十番」で「借金帖の記入は色様々に美しく、後の二郎の装幀の原図になった」と、昭和七年頃の青山の様子を書いている。これは、すべてを遊びに変えないではいられない青山の本能であり、殺風景な借金帖をも飾らずにいら

れない装飾本能が、生まれつき強かったからだろう。青山が残した蔵書の文庫や事典には、箱や扉にまでサインペンでカラフルな飾り罫などが施されていた。装飾の魂は晩年まで消えなかったのである。

　青山が装幀の仕事を始めた昭和六年、日本の出版文化は最盛期を迎えようとしていた。白水社、芝書店、作品社、江川書房、野田書房など、美しい本を出すことに情熱を注いだ版元と仕事が出来た青山は、恵まれていたと言わねばならないし、昭和十年過ぎまで、紙や布などの材料が豊富で質が高かったことも、名作を生んだ背景にあった。

　この時期青山は、直木三十五『南国太平記』をはじめ小林秀雄『文芸評論』三冊、河上徹太郎『自然と純粋』など傑作を相次いで発表した。独特の手書き文字、陶磁器にモチーフをとった図案、紙面いっぱいの本文組など、その好みをはっきりと打ち出している。

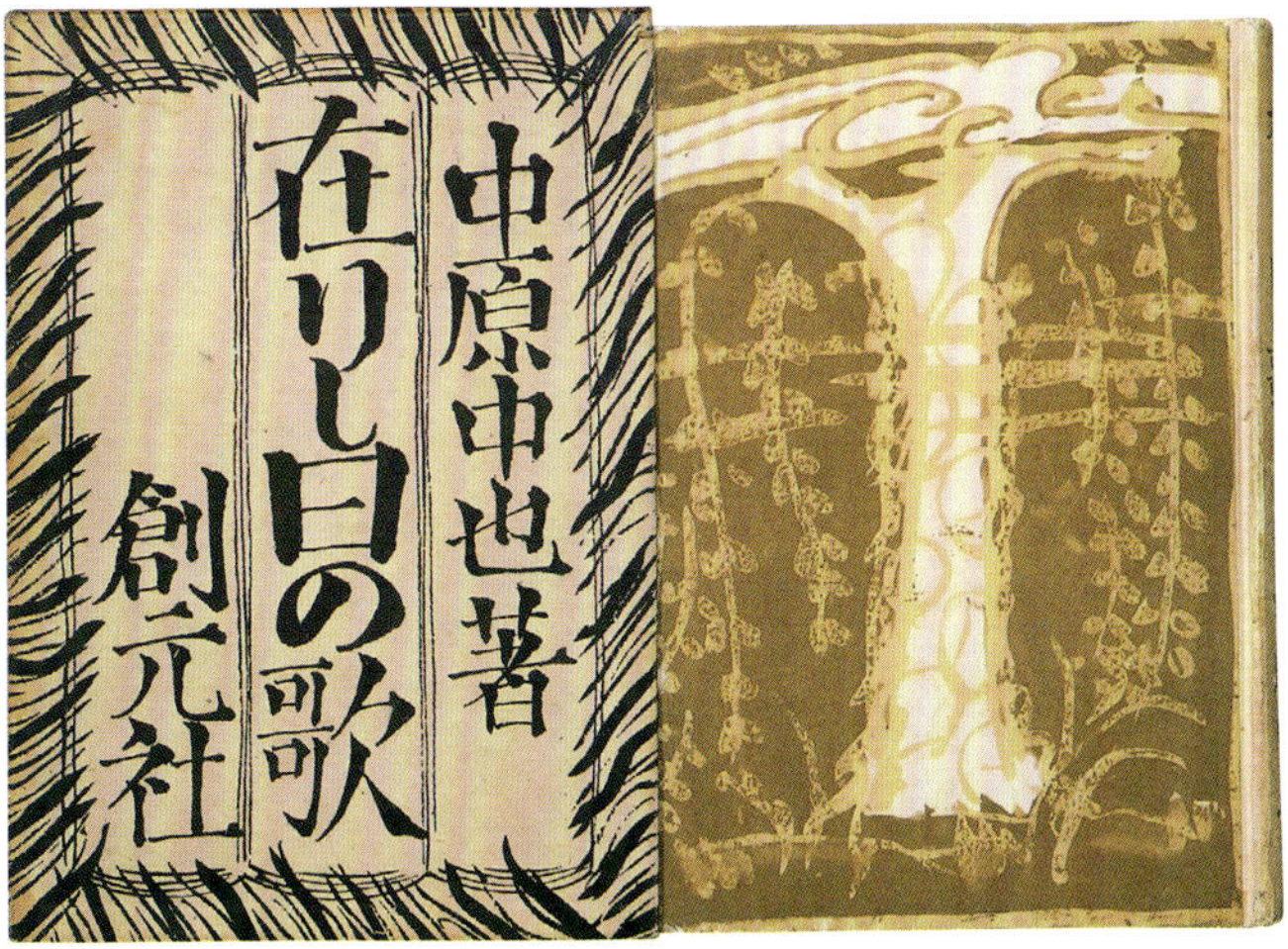

中原中也『在りし日の歌』 昭和13年、創元社、四六判。箱に大きく書かれた3行の文字と、縁の斜線が、緊張感を与える。早死にした中原を愛惜する青山の、葬送の歌とも言うべき代表作

島木健作『生活の探求』『続　生活の探求』 昭和12年・13年、河出書房、四六判。箱から表紙、扉まで、手描きの絵と文字が躍る、青山装幀の傑作の一つ

中村光夫『フロオベルとモウパツサン』 昭和15年、筑摩書房、四六判。淡い水彩画を思わせるすっきりとした表紙デザイン。筑摩書房の創刊を飾る単行本3冊中の1冊

出版社や読者の「受け」はどうだったか。昭和十一年に青山が発表した「装幀と出版」では、装幀の目的は装飾ではなく、店頭で展覧会の絵のように戦うことだと言い切っている。また装幀料が単行本で五十円で、友人の本か、紹介がないと引き受けないことを言い、その道の若い人（編集出版人という意味だろう）が青山二郎の名前を知らないと話が通じない位になったと面映げに語っている。自信が窺える発言である。

翌年の装幀談では、自分の装幀が翻訳物か評論集に限られていて、「ぼくに装幀を依頼すると云ふことは、ぼくの装幀を通して依頼者自身の趣味や流行性を表現してゐることになる」と、青山の装幀が時代から離れたものでなく、趣味や流行の一端を担っていると自負している。

装幀は著者や装幀家の満足のためだけではなく、店頭で他社の本との競争に勝つことに貢献しなければならない、だからこそ箱の意匠に一番苦心する、というのが青山の持論だった。

たとえば昭和九年、アンドレ・ジイド全集を金星堂と建設社が競合して出版したが、瀟洒で小判の金星堂版を、青山の手になる大判かつ派手な建設社版は店頭で凌駕したに違いない。その上、青山デザインの彩り美しいポスターが店内に下がっていたのである。検印紙の図案までデザインしたというのはどこまでも行届いていて、自称「人情装幀家」青山二郎の面目躍如といったところだ。

青山の書き文字は程よい下手さ加減で、何はともあれ読めないことはない。題字は個性を離れ、デザイン化されたものが良いのだが、青山の字はその条件にかなっている。書き文字と図案は、経験を重ねるごとに洗練の度を増し、巧妙さも獲

大岡昇平『俘虜記』 昭和27年、創元社、B6判。戦後、装幀点数が増えていくなかで、青山流の時間をじっくりかける手法は叶わなくなったが、手描き絵の凝ったデザインはさすがである

『アンドレ ジイド全集』第12巻　昭和10年、建設社、菊判。全12巻で、昭和9年から10年にかけて発行された。落ち着いた色彩の表紙に、牡丹文様に書き文字の箱。書店の店頭に飾るポスターも青山の手になる

得していくが、最後まで手触り感というか、素人くささが消えることがなかった。三好達治はそれを俗臭がないと表現したが、これが青山の装幀が長いこと支持を得た理由のように思われる。

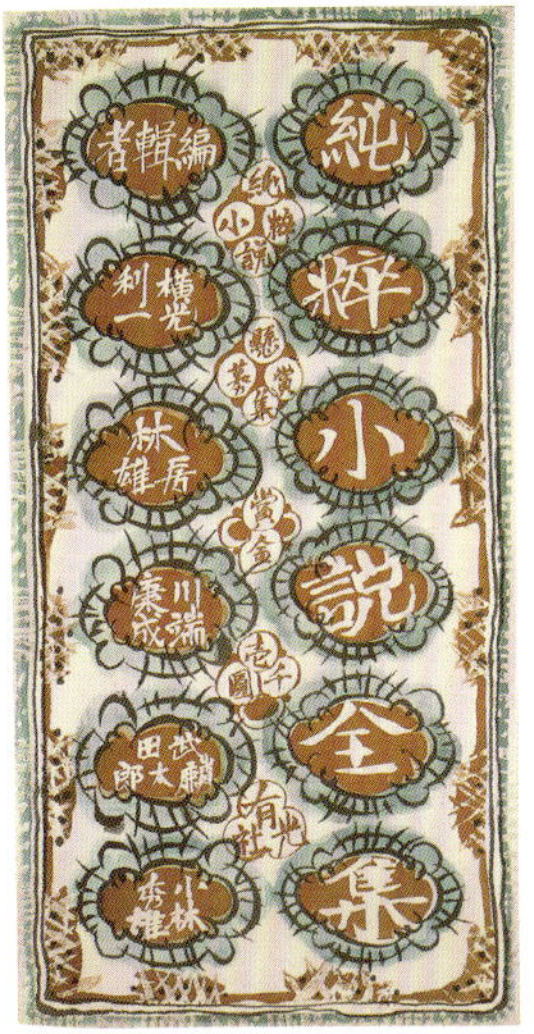

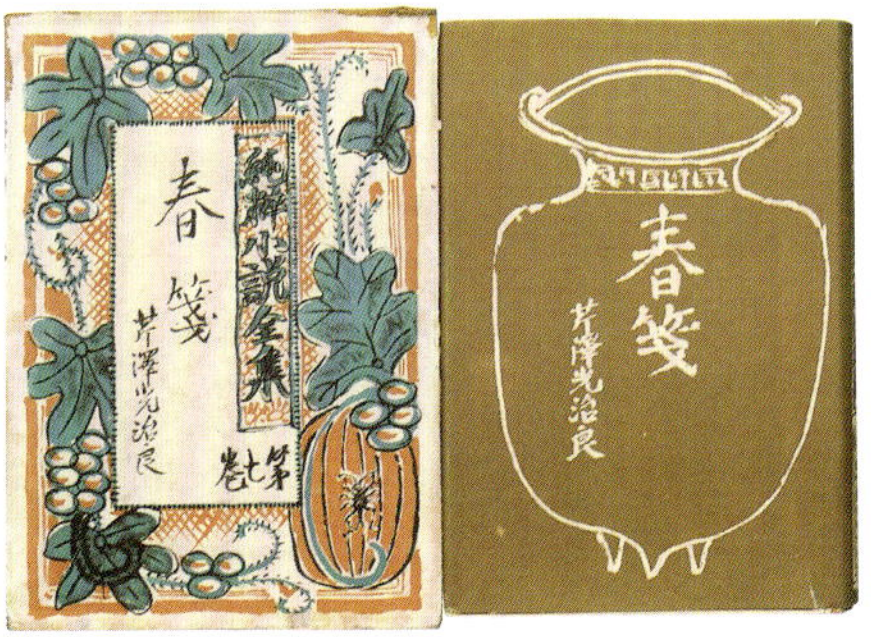

『純粋小説全集』第7巻、芹沢光治良『春箋』昭和11年、有光社、四六判。陶器の文様をかたどった瀟洒なデザインだ。同じくポスターも華麗な仕上がり

その後青山は昭和十一年後半に創元社、昭和十五年には筑摩書房と深い関わりを持ち、二社の代表的な本の装幀を手掛けてその土台作りに貢献した。装幀だけでなく、出版社のイメージを確立させる企画の立案、さらに、あちこち飲みに連れまわす社員教育まで引き受けて（ただし飲み代は会社持ち）、余技の真骨頂がまさしくここにあった。

北条民雄『いのちの初夜』 昭和11年、創元社、B6判。『アンドレ ジイド全集』と同じく、ポスターも手がけた。センセーショナルな文学作品で話題となり、ロングセラーとなった

戦後、出版界の様相は変わり、紙さえ確保すれば誰でも出版業の看板を掲げられたから、堰を切ったように出版物が氾濫し、仙貨紙といわれる粗末な紙に厚紙をくっつけたような書物が横行した。青山へは戦前より注文は増えたのだが、型で色模様を作っておいて、そこに活版のタイトル文字を埋め込むなどの、青山らしくない手法が使われるなど、この時期はやや粗製濫造に傾いている。一刻を争う出版界の事情はあったのではあるが。それでも出版界が落ち着いてからは、昭和二十七年の大岡昇平の合本版『俘虜記』などの秀作を世に送っている。

昭和三十年の白洲正子『私の芸術家訪問記』は久々に編集まで引き受けた本で、風変わりな後書も書いた。出版した緑地社の社主・林秀雄は元創元社の社員で、青山の薫陶を受けた一人だった。余技の真骨頂が最後の輝きを見せた時だった。

美しい原画から生まれた美しい本

三好達治『駱駝の瘤にまたがつて』（昭和27年、創元社、B6判）と表紙原画。原画は本の表紙の倍以上の大きさに描くのが常だった。筆の冴えた一幅である

装幀のための下絵は、修正液で消したり、切り貼りを重ねたりするため、一枚の絵としては鑑賞には堪えないのが普通である。しかし青山二郎は、自分の気に入るまで最初から絵を描き直したという。だから、それ自体が完成された美しい絵となっている。藍や朱、緑など青山の好きな陶器を思わせる基本色に、濃淡を加えて、そこにはっとするような鮮やかな色を差していく。青山の装幀は、色使いの明るさでも、読者に好評を得た。

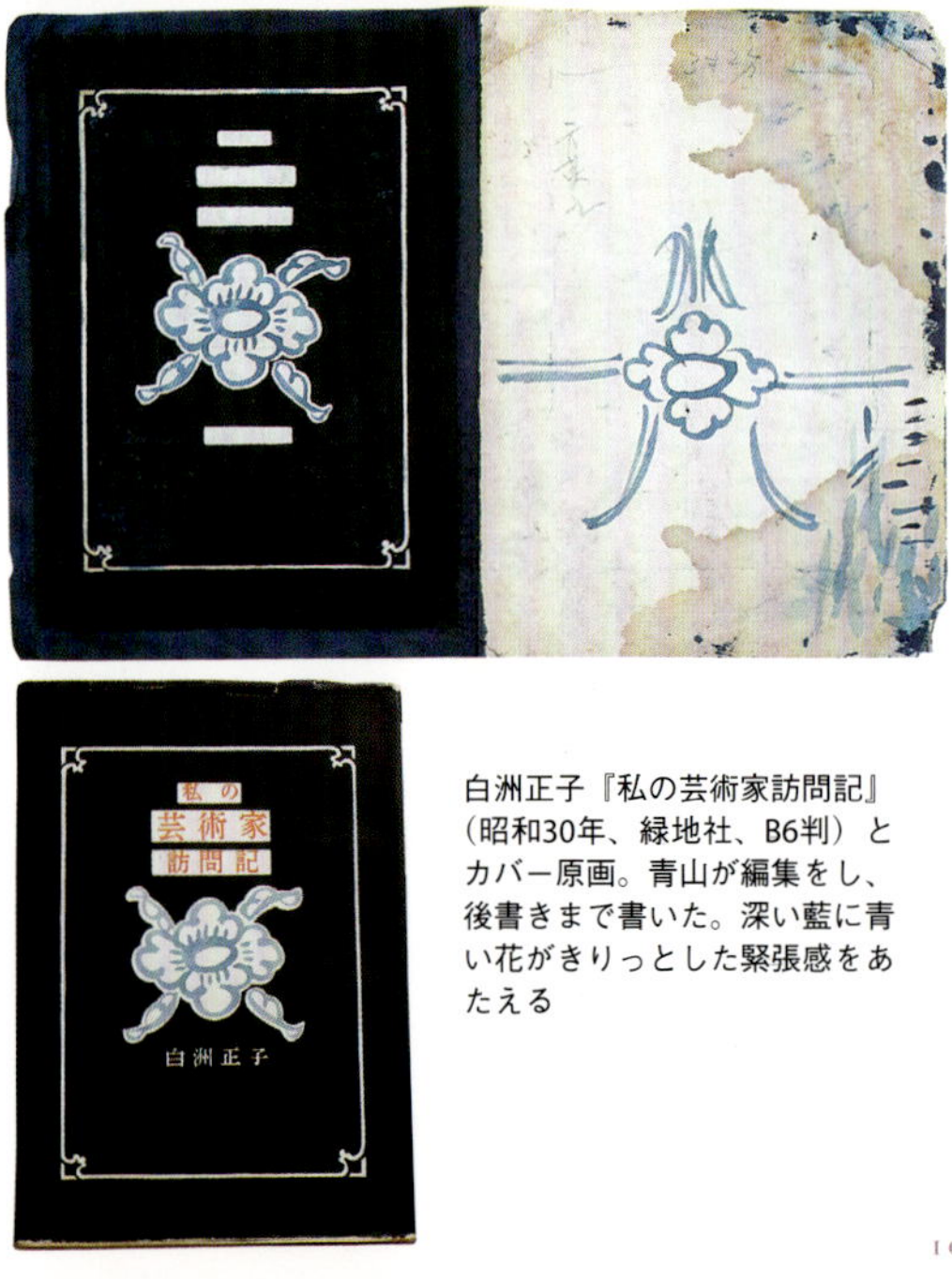

白洲正子『私の芸術家訪問記』（昭和30年、緑地社、B6判）とカバー原画。青山が編集をし、後書きまで書いた。深い藍に青い花がきりっとした緊張感をあたえる

アラン　小林秀雄訳『精神と情熱とに関する八十一章』（昭和11年、創元社、四六判）と表紙原画。まるでマーブルのように華麗。創元社での初の装幀本である

中野重治『子供と花』（昭和10年、沙羅書店、菊判）と表紙原画。画面いっぱいに壺と花の文様という、いかにも青山らしい絵

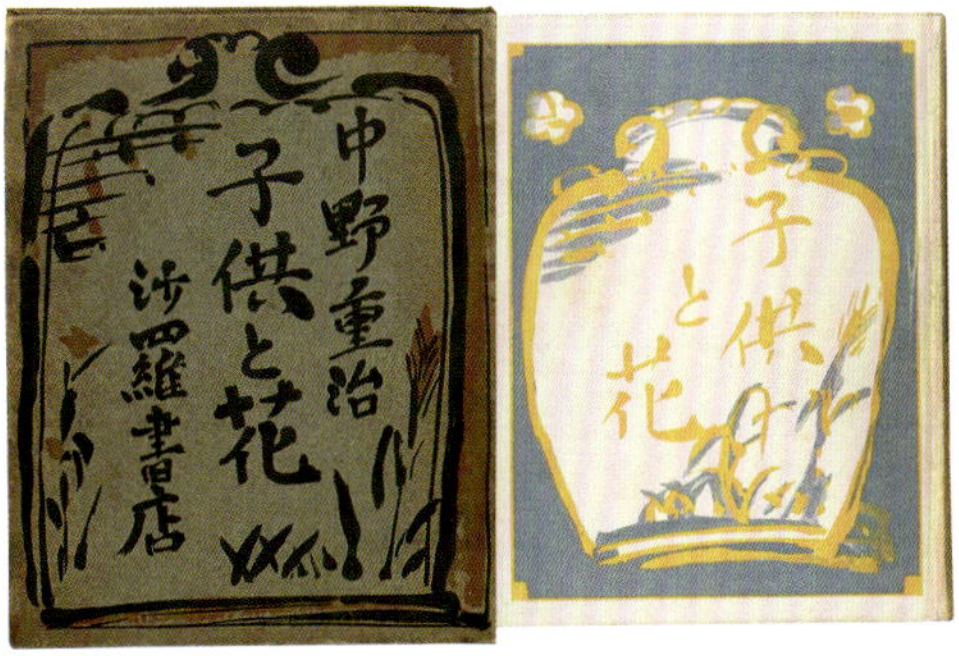

岸田国士『双面神』（昭和11年、創元社、四六判）と表紙原画。表紙と裏表紙、両方に華やかな絵をつけた。背の派手な文様といい、美しい本に仕上がっている

本歌取りのテクニック

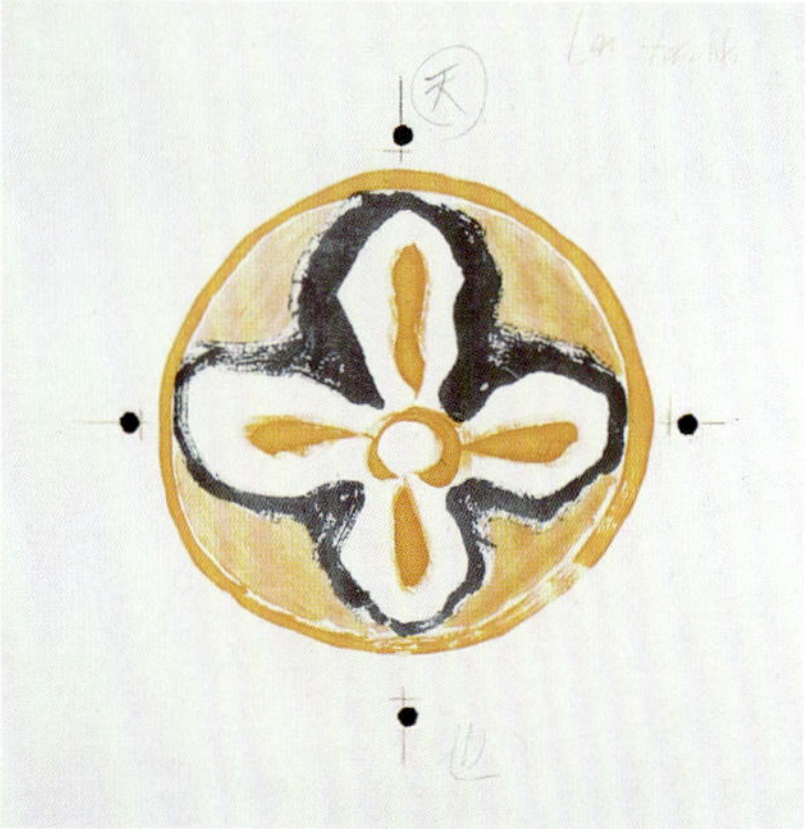

青山二郎『眼の引越』（昭和27年、創元社、B6判）表紙とその原画、三彩花文皿（唐時代、東京国立博物館蔵）。「贈呈本のほか一冊も売れなかったと（創元社）社長の小林茂さんはぼやいていた」（白洲正子「いまなぜ青山二郎なのか」）という本

島木健作『生活の探求』の扉原画（左）と、吸坂手白鷺鉄釉染付向付（江戸時代、MIHO MUSEUM蔵）

青山二郎は好きな陶器の文様を図案のモチーフにすることが多かった。たとえば、戦後の随筆や小説を収録した自装本『眼の引越』の表紙には、横河コレクションの図譜『甌香譜』に掲載した三彩花文皿の文様を使っている。また、李朝の壺に描かれている染付の文様も、格好の元絵となった。青山自身が一役買った李朝ブームや、中国の鑑賞陶器の流行など、骨董趣味が身近になった当時、青山の陶画風の図案は、読者に新鮮に映ったことだろう。

岸田国士『双面神』の扉と、
その元絵となった染付壺

小林秀雄『続文芸評論』（昭和7年、
白水社、菊判）と、表紙絵の元になっ
た染付の瓶。図案化しやすいようにし
たのか、瓶の口部が墨で消されている

小林秀雄『ドストエフスキイの生活』（昭和14年、創元社）、『無常といふ事』（昭和21年、創元社）、『小林秀雄文学読本』（昭和11年、竹村書房）など。小林は青山装幀の本を「並べるときたなくていかん」と言ったというが、一冊一冊の意匠が強すぎる、という意味もあるのだろう

友人、小林秀雄のために

青山二郎は、「僕は友達の本と友達の紹介の外は、装幀お断りといふ事にして」（「装幀と出版」）いた。なかでも、盟友、小林秀雄の著作のために装幀した本は数多く、小林の初の評論集『文芸評論』（昭和六年）、『続文芸評論』（昭和七年）、『続々文芸評論』（昭和九年）など、初期に集中している。力作ぞろいで、とくに限定二百三十部の『酩酊船』はモダンで瀟洒な造本。

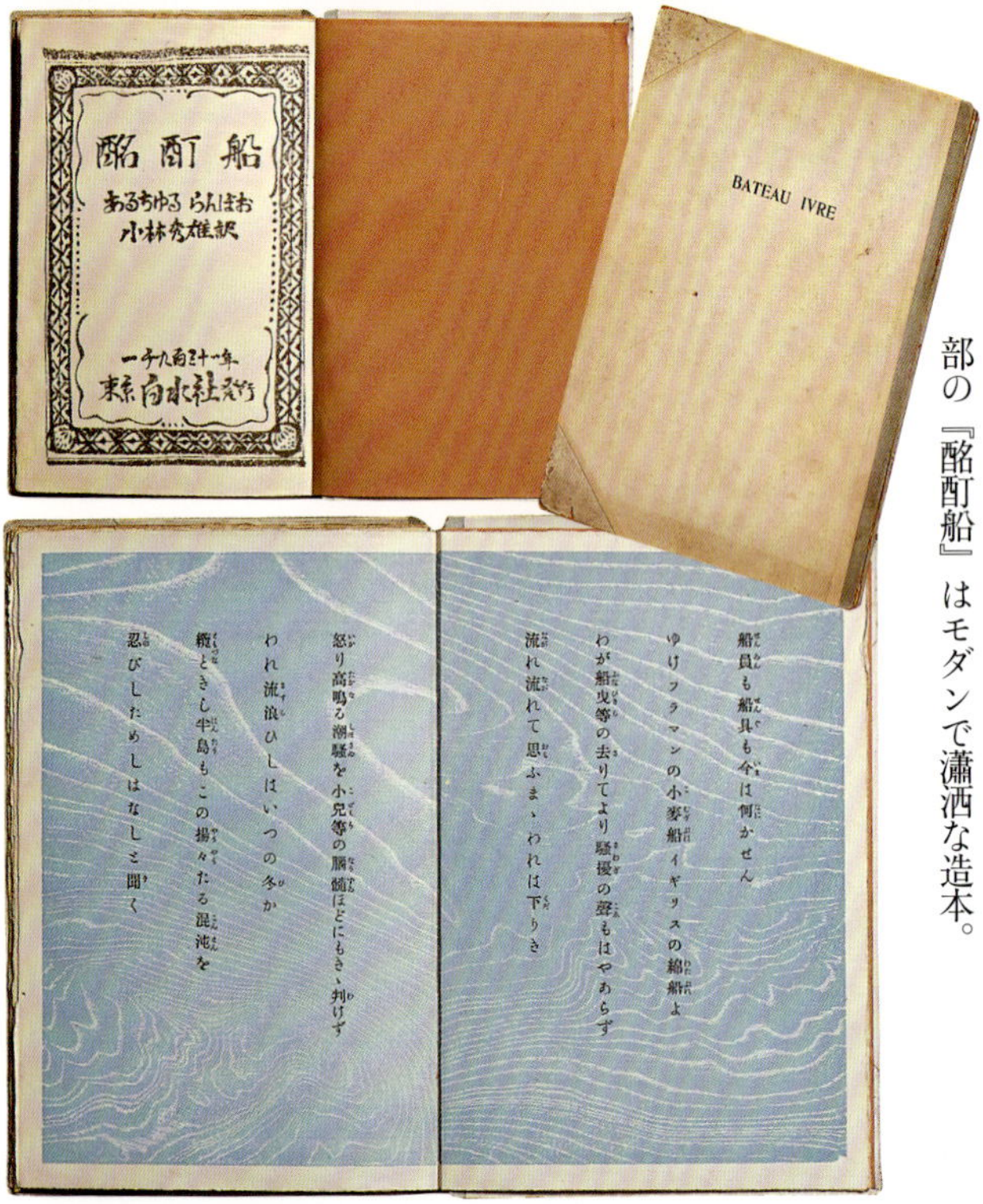

アルチュル ランボオ　小林秀雄訳『酩酊船』（昭和6年、白水社、菊判、限定230部）の表紙、扉、中面。本文は、木版で刷った水色の木目模様の地に、大きな活字でゆったり組まれている。美しく贅沢な本だ

雑誌デザインへの愛着

青山二郎は単行本だけでなく、雑誌デザイナーとしての顔も持っていた。昭和二十一年小林秀雄、石原龍一と創刊した「創元」をはじめ、「日本映画」では昭和十四年から十九年まで、また野々上慶一がつくった出版社、文圃堂から発刊した「文学界」（途中から文藝春秋、文学界社刊）には昭和十年から戦後まで装画を担った。

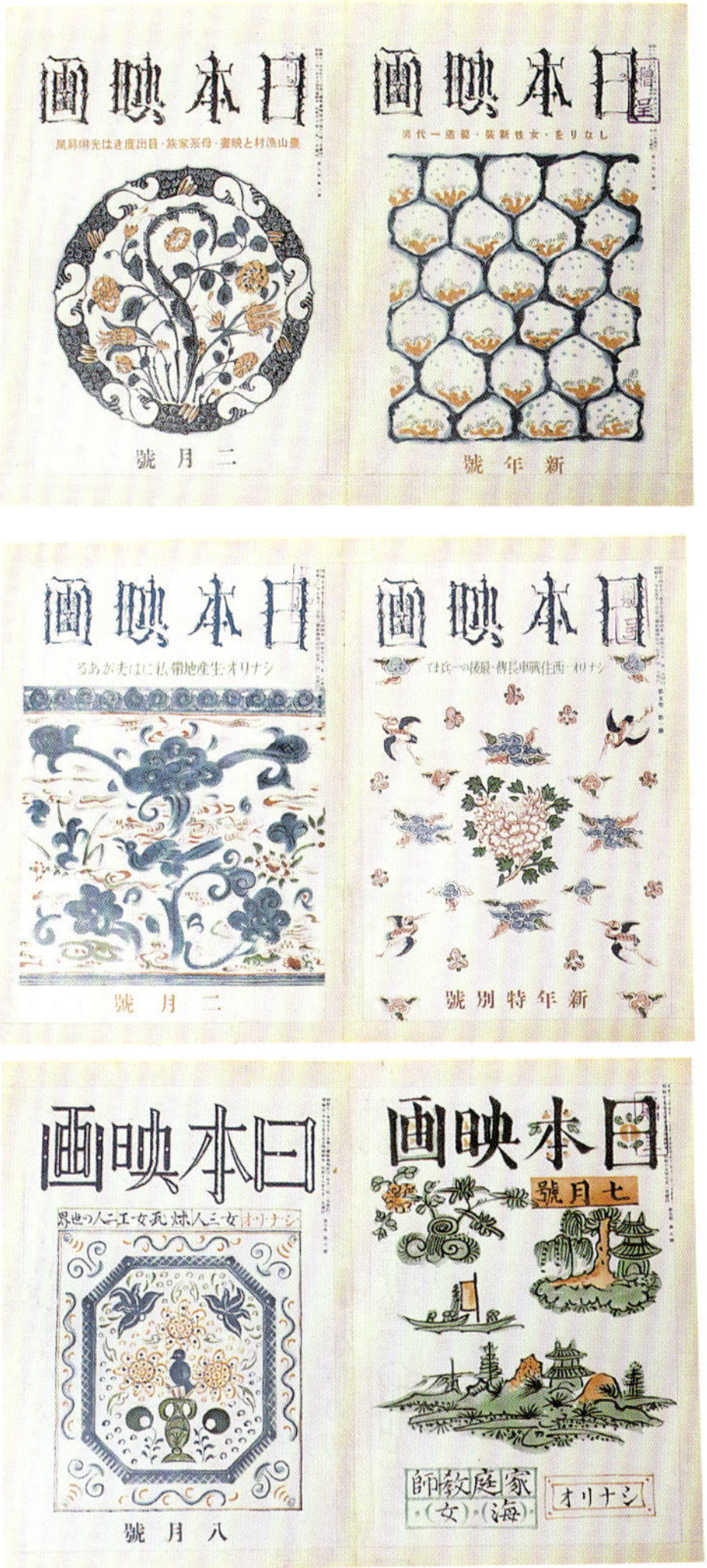

青山が表紙を手がけた「日本映画」（大日本映画協会発行）より3冊。豊かな色彩で描く美しい絵、毎号工夫を凝らしたタイトル文字など、青山二郎の技が発揮されている

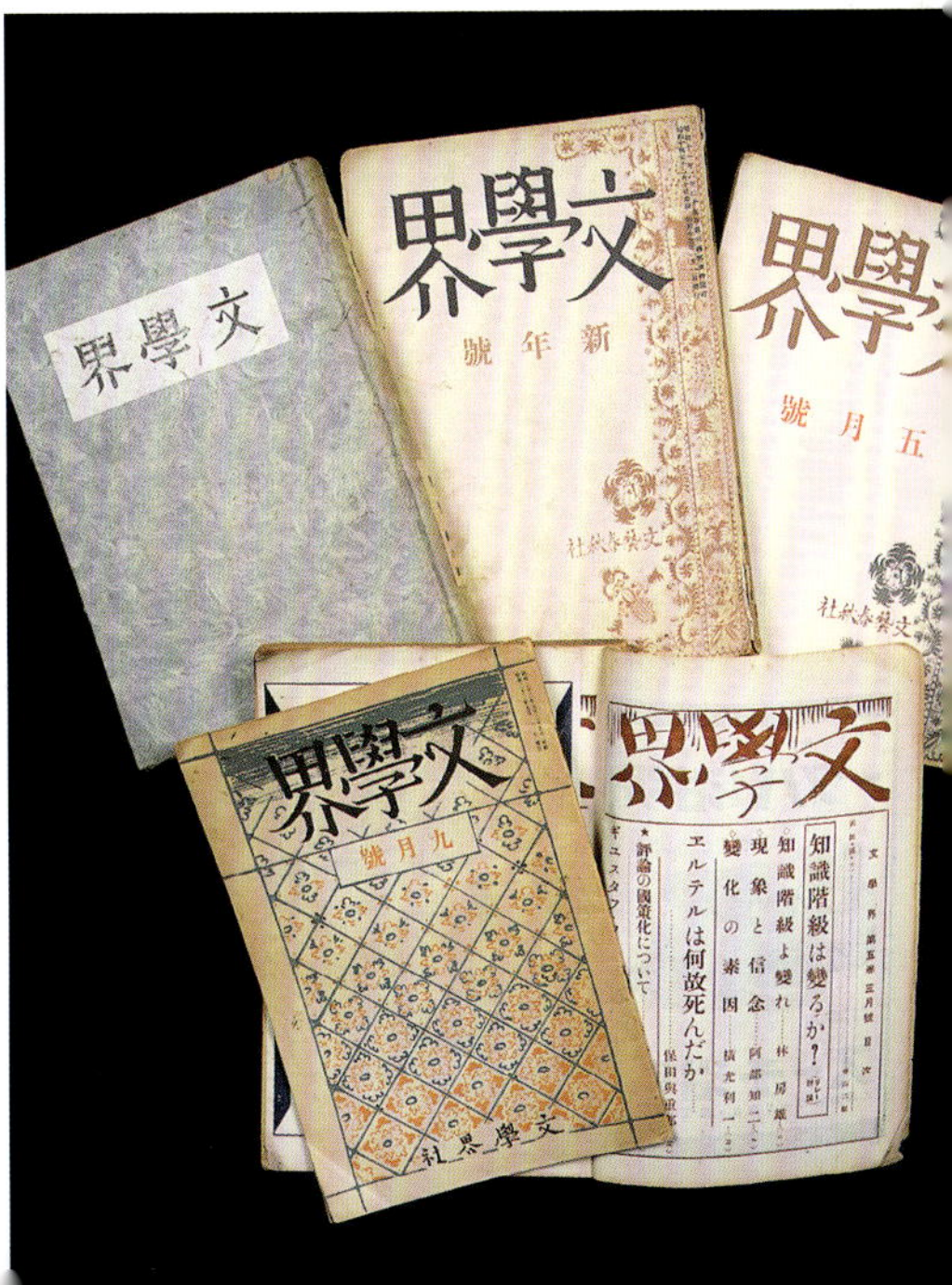

青山装幀の「文学界」。昭和15年1月号、5月号、22年9月号と、左上が昭和23年刊の復刻版。目次見開きは昭和13年3月号

遊び心の王様

青山は新しいやきものに、絵付けをしたり、煮たり焼いたり酒につけたりして「味付け」するのが得意だったが、それは陶器だけに限らない。書物や文庫本の表紙に、色とりどりのサインペンで線を引いたり、模様をつけたり、自作の判を押したりして、見違えるような本にしてしまう。そんな青山の遊び心と好奇心、美しいものへの飽くなき追求心こそが、青山二郎の装幀デザインや創作力の源だった。

小林秀雄、島木健作、佐佐木茂索たちと設立した古美術鑑賞グループ、「むぎわら倶楽部」の印

表紙にサインペンで飾り罫をつけ、AJ.の自作判子を押す。文庫本は、あっという間に青山二郎の装いの本に生まれ変ってしまう

AとJを組み合わせた印や、「青山」など、木片を丹念に彫って作った判子の数々。判子作りも青山の楽しい余技の一つであった

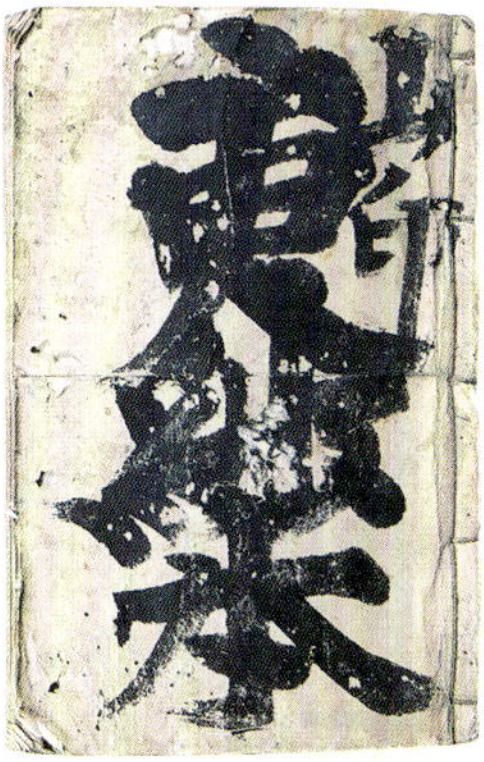

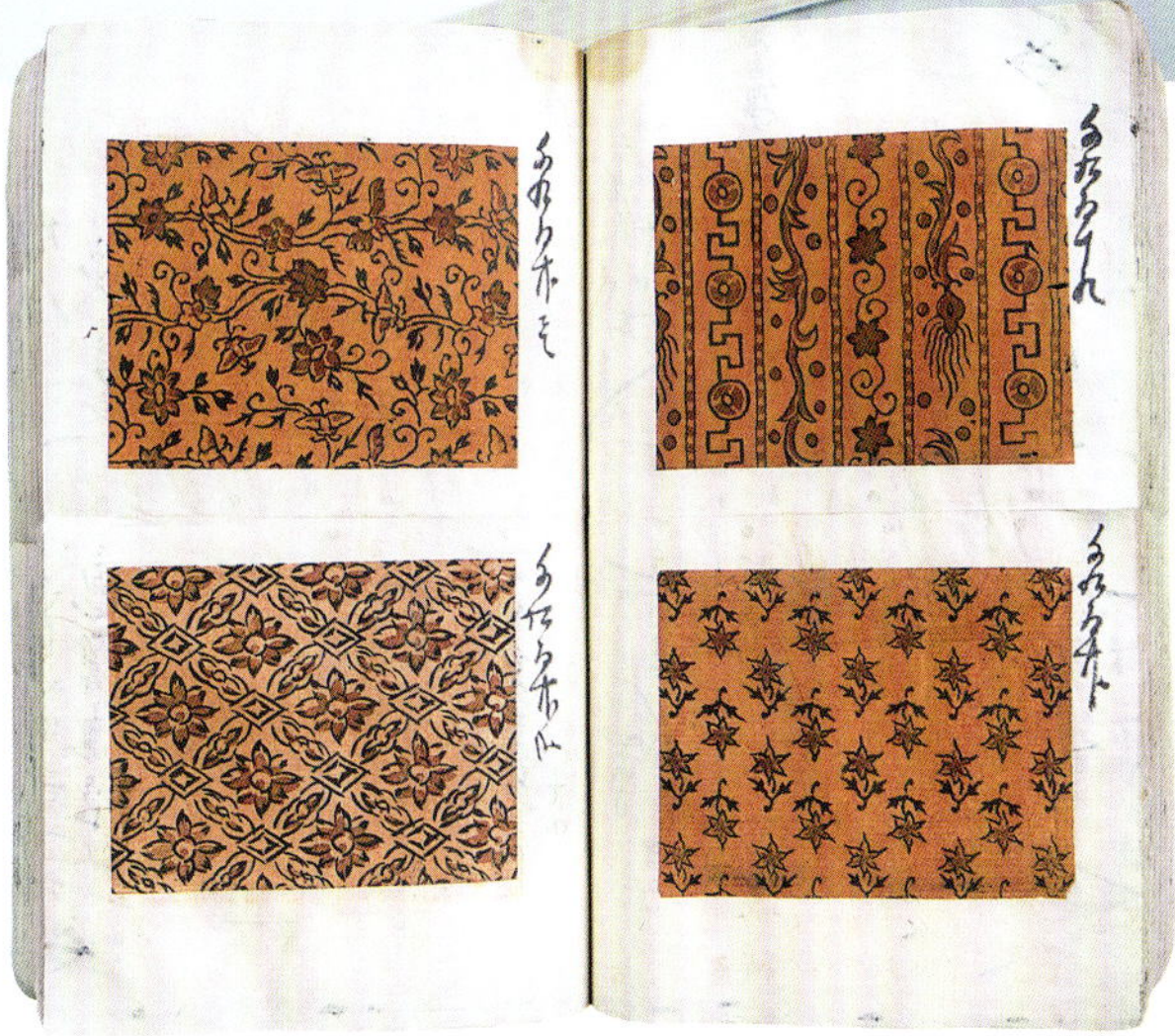

古い更紗の裂帳。手元に置き、ページをめくっては、布の文様から装幀のインスピレーションを得ていたのだろう

〔眼に叶った画家〕

梅原龍三郎

梅原龍三郎作「富士山図」 昭和二十年 91・3×73・2
青山にとって、敬愛する画家、梅原の描き続けた富士山は、特別なものだった。昭和二十一年には富士山を眺めながら「梅原龍三郎」を執筆した

富本憲吉作陶板、梅原龍三郎画
「裸婦豹図」 昭和二十二年 径18・4

『青山二郎全文集』（ちくま学芸文庫 上下巻）は、「創元」一号に掲載された「梅原龍三郎」から始まる。ところがこの文章、至極難解で、しかも肝心の梅原が登場するまでに十頁にわたって延々と小難しい芸術論が続くものだから、最初の数頁で挫折してしまった人も多いのではないだろうか。ともあれ、十一頁目に、初めて梅原が登場する場面は、こんな風に始まる。

「梅原さんが終戦後、半年余り滞在されたホテルに来て、今私は毎日夏の富士山を眺めてゐます」

昭和二十一年、青山は伊豆の大仁ホテルに滞在し、三ヶ月かけてこの文章を執筆したという。青山が書いた通り、梅原はこのホテルに滞在し、正面にそびえる富士山に対峙して何枚もの絵を描いたという。青山は同じ視点から山を見つめ、巨匠の眼の軌跡を追体験しようと試みる。

「ところが毎日見てゐて少しも見えなか

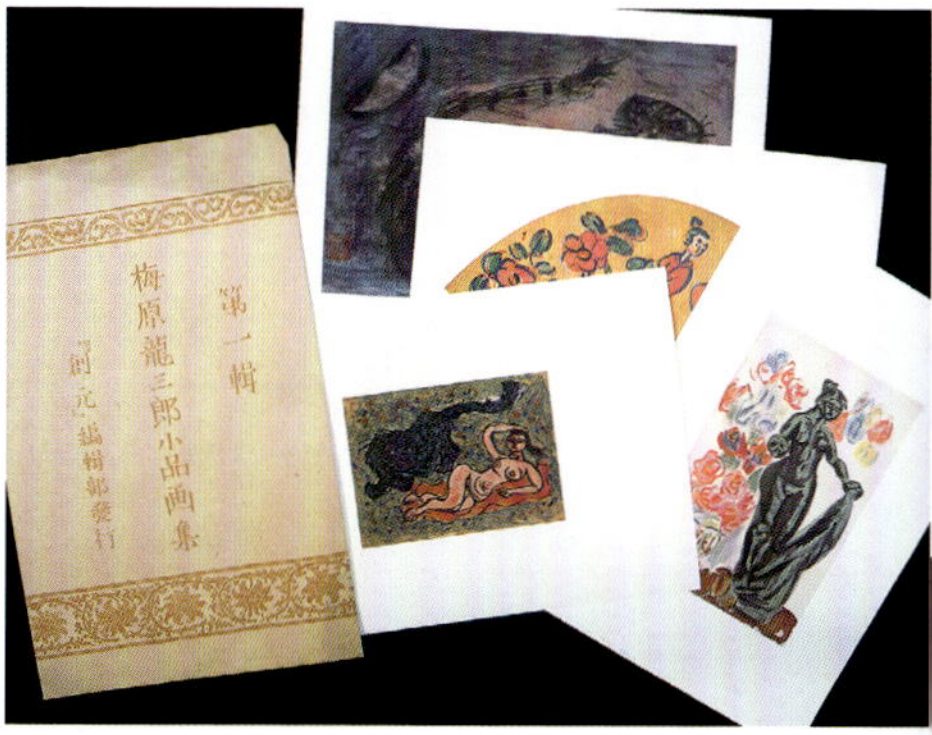

左は、梅原龍三郎作「裸婦と」。下は、昭和22年、青山らの創元編集部が作った「梅原龍三郎小品画集」。A4判の袋に、梅原作品の原色図版が4点入っている。「裸婦と」も収載した

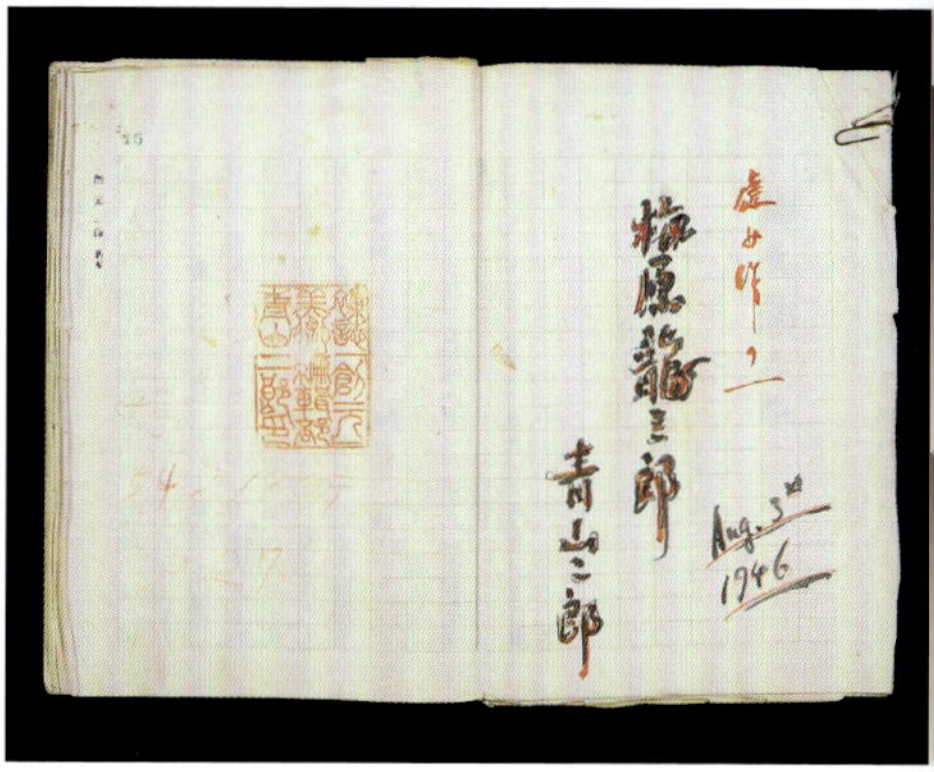

昭和21年、青山が小林秀雄、石原龍一とともに創刊した美術文学雑誌「創元」第1号（上）。青山が心血注いで書き上げた「梅原龍三郎」（右）を掲載している

つた富士山が、或る日ひよつこり見えた……様な気がした事がありました。（中略）詰り、これが常々画家が引つ組まうとしてゐる或るもので……その或るものがチラツと、画家でもない私を通り過ぎた様に思はれました」

　梅原の眼の〝片鱗〟に触れた青山は、その作品を「我が国最初の純国産芸術」だと賞賛している。

　さらに、本筋ではない「副産物」として生まれた「図案風な即興的な一連の諸作」を「梅原さんの『大津絵』」と称し、「画筆のたこから生れた記念碑」だと言う。つまり、本人の意思や思想を超越した、無私の境地が走らせた筆、とでも言えようか。禅の思想にも通じるような表現で、青山は梅原の本質を説いてゆく。

　画家が真正面から取り組み、格闘した「富士山」というテーマと、余技から生まれた「大津絵」。そのどちらもが「純国産芸術」たる梅原の真骨頂である――青山にとって画家・梅原龍三郎は、あらゆる言葉を駆使しても語りきれない、偉大な存在であったようだ。

眼に叶った画家 富岡鉄斎

「創元」の第二号に、青山は「富岡鉄斎」という長い評論を寄せている。

「梅原龍三郎」の時と同様、話はとりとめもなく進むのだが、始めの方で、鉄斎が生来、耳が不自由だったことに注目し、そして文末で「鉄斎の画は騒がしい」と結論している。この二点こそ、青山が鉄斎について述べたかった核心だろう。

「本誌（「創元」）の巻頭に扇面『秋』の図があります。たとへば木の葉がざわめいて、はらはらと風に散る音が聞えます。右の方に人間が坐つてゐて、そこらを歩くとざくざく音がしさうです。紅葉してゐる梢の色は、紅葉を語る色ではなくて一種の声と動きを隠してゐます」（「富岡鉄斎」）

その「騒がしさ」を否定しているのではない。滝があれば水音が聞こえ、人がいれば動きまわる。描かれたものが、画家の手を離れて勝手に息づいていく様を面白がっているのだ。「大雅の及ぶべか

昭和二十三年十一月に発行された「創元」第二号（左）。青山は、この年の春、嵯峨沢、大仁、湯河原に滞在して「富岡鉄斎」（下）を書き上げ、この号に発表した

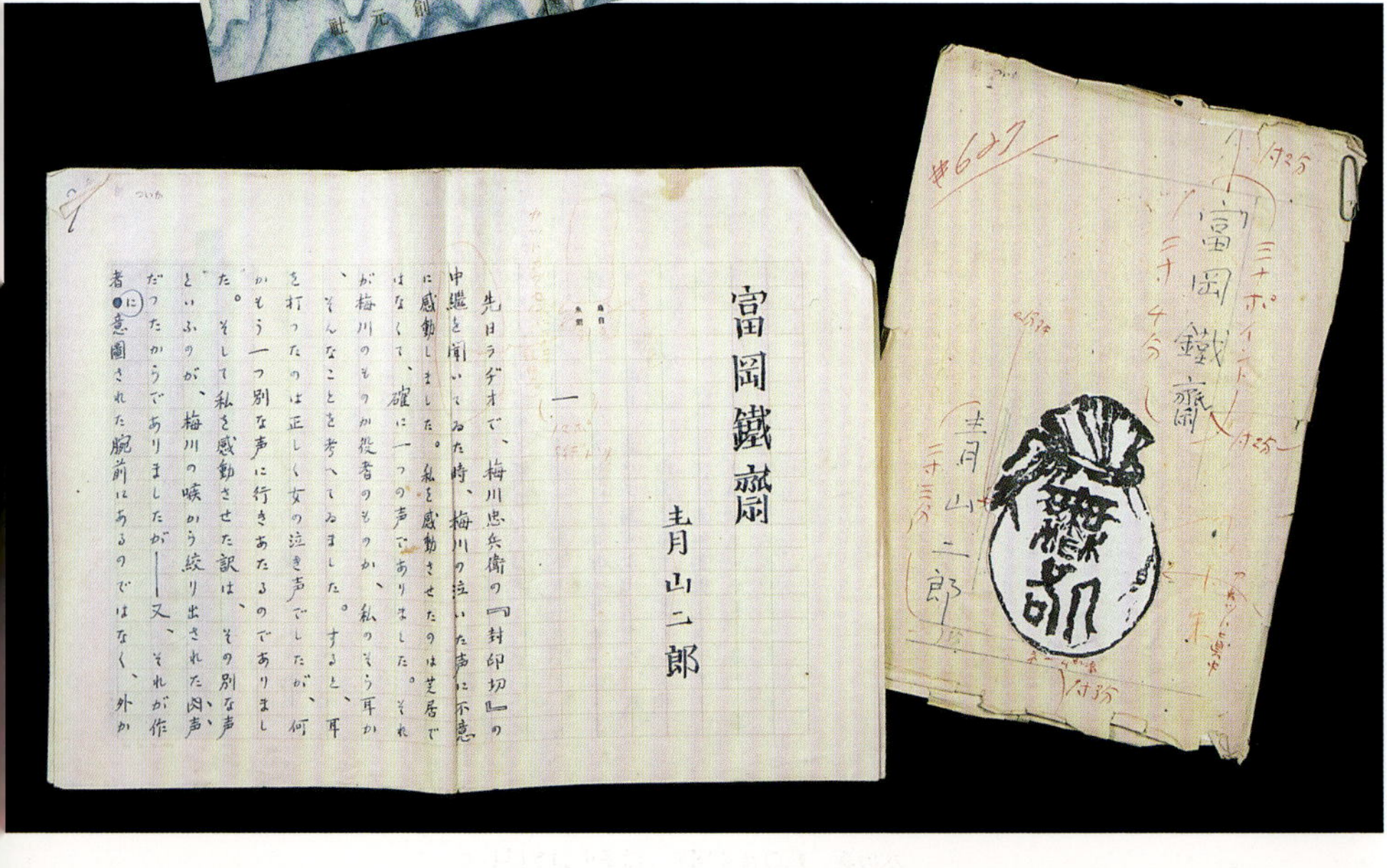
富岡鐵齋
青山二郎

先日ラヂオで、梅川忠兵衛の『封印切』の中継を聞いてゐた時、梅川の泣いた声に不意に感動しました。私を感動させたのは芝居ではなくて、確に一つの声でありました。それが梅川のものか、役者のものか、私のそら耳か、そんなことを考へてゐました。すると、耳を打つたのは正しく女の泣き声でしたが、何かもう一つ別な声に行きあたるのでありました。そして私を感動させた訳は、その別な声といふのが、梅川の喉から絞り出された肉声だつたからでありましたが――又、それが作者に意図された腕前にあるのではなく、外か

らざる所は、その画を描くつもりがなかつたと云ふところにある」と語った鉄斎の言葉に、青山は鉄斎自身の創意を読み取っている。

「描くといふより、字を書く様に『絵を書く』南画家の観念と、鉄斎のそこに到つた聾について私は考へます。彼の晩年の作品を一纏めにして言へば、それは幻想家の画です」(同前)

耳が不自由だった鉄斎にとって、世の中は無声映画を見るように映っていたのかもしれない。時に、無声の方がよりリアルな音を感じさせることがある。鉄斎の絵から、青山はまさにそんな力を感じたのだろう。

「鉄斎の耳は、それはそれは良く見える耳で、眼は要らなかつたのです。彼は手探ぐりで描きました」「我々は鉄斎の画から色々な音を聞きます。ざわざわ、さらさら、ぽちやぽちや、如何にも自然の中の賑やかな楽し気な音です。それは一見微笑を禁じ得ない、楽天的なものです。苛立たしかつた彼の長い一生は、何一つ不吉に感じることが出来ません」(同前)

富岡鉄斎作「観瀑図」大正3年（上）と「通天晩秋図」明治43年頃（下、いずれもレプリカ）。青山は、これらの扇面に滝や木の葉、風の音を聞き、鉄斎の力を感じた

IV 二郎流暮らしの楽しみ

美しいもののためならば、とことん凝ってしまうのが青山二郎。建築もインテリアも調度も眺望も。機能的な空間に、古美術を何気なく収める二郎の趣味は、利休を彷彿とさせるものだと、白洲正子は驚いた。ジィちゃん流の暮らしを拝見しよう。

昭和39年から暮らしたビラ・ビアンカの居間。植樹して壺を配した手作りの坪庭は、都心のマンションのベランダには見えない

ビラ・ビアンカのベランダに立つ、青山二郎と和子夫人。入居まもなくの頃か

当時の宣伝用のマンション外観写真（上）と、同じくショールームのダイニング。高台にひときわ目立つ建築だ

大切に保管されていた部屋の設計図やパンフレット。設計図を見た段階で買ってしまい、ここに移るのをとても楽しみにしていたという

モダン建築、ビラ・ビアンカに住む

飾り棚に並べられた織部の皿や飴釉の壺など（左）と、お茶の箱を利用した手作り箱にきっちり収めた蕎麦猪口

凝り性の青山二郎が選んだ終の住処は、原宿のビラ・ビアンカ。入居したのが昭和三十九年、六十三歳、東京オリンピックの一ヶ月前だった。「骨董好きだからといって、ジィちゃんは古いものにこだわっているわけではなく、最新流行のものにも飽くことのない興味を示した」（「いまなぜ青山二郎なのか」）と白洲正子が言うように、ビラ・ビアンカはマンションの走りで、奇抜な白亜の建築、最先端の設備で評判を呼んだ物件である。しかし、お仕着せの間取りで黙っている青山ではない。二軒分を一つにし、ベランダを大改造するなど凝りに凝った。手すりを取り払い竹垣にし、土を盛って草木を植え、砂利を敷き詰めて飛び石まで配する。気に入りの大甕もいくつも置いた。神宮の森を背景に、視界に緑しか見えないという贅沢な眺望であった。当時訪ねた白洲正子は室内の光景をこう書いている。「光琳の屏風を、ジィちゃんが何枚にも切って、襖にはめこんだ時は舌を巻いた。（中略）近代的な調度の中にそれらの美術品がしっくりおさまって、その行き届いた趣味と工夫には、桃山時代の利休を彷彿とさせるものがあった」（同前）。

海辺の塔の家、川奈の別荘へ

別荘でくつろぐ青山夫妻。やきものに囲まれているのは、どこに行っても同じ

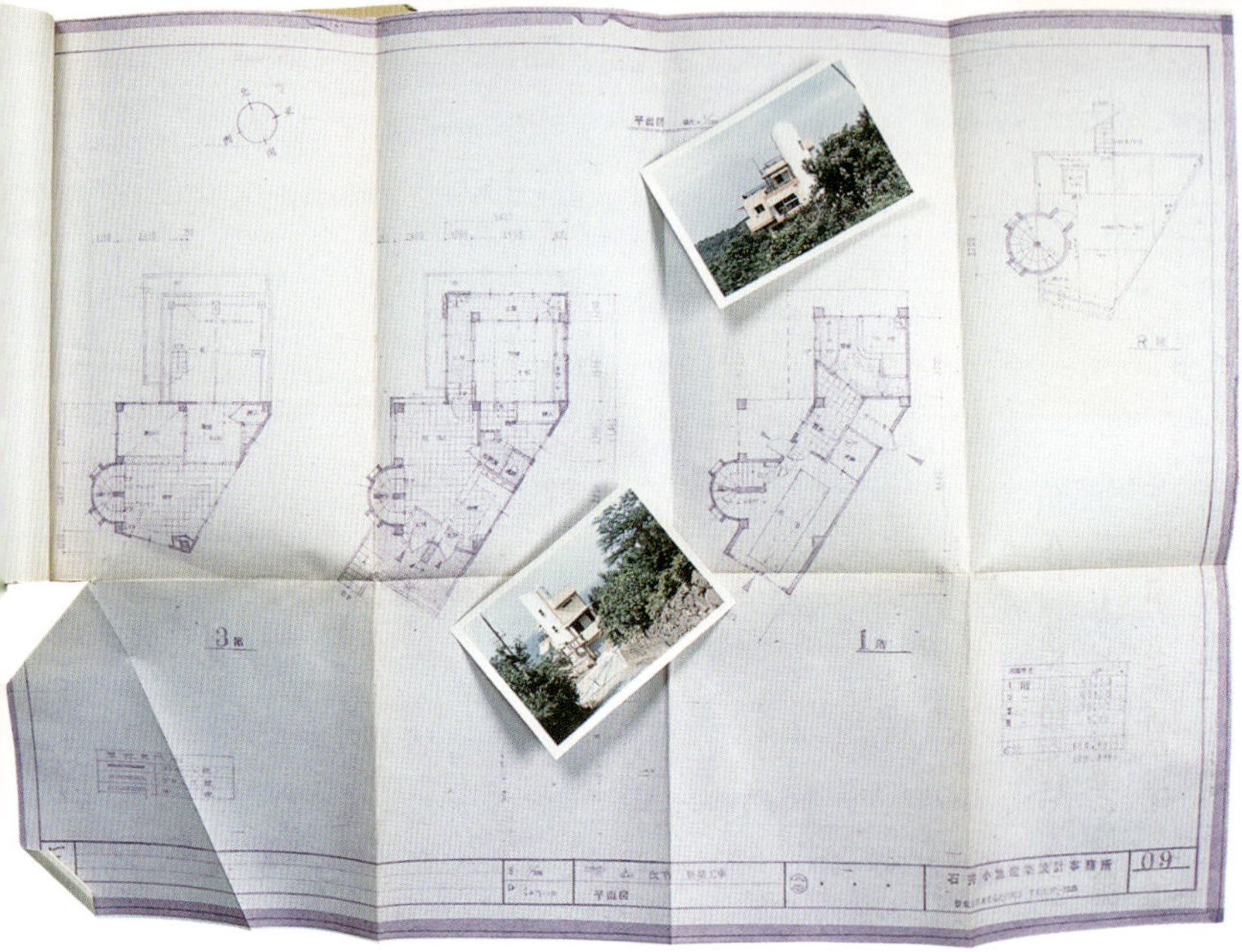

設計図と完成当時の写真。一階に風呂を配した鉄筋コンクリート三階建てで、屋上まで各階を繋いでいる螺旋階段は、上部を斜めにカットした形がポイント。下は青山自筆の表札

生来デザイナー気質の青山は、建築への関心も大きかったのだろう。昭和四十五年には伊豆・川奈に別荘を建てた。眼下に太平洋を望む高台という絶好のロケーションで、鉄筋コンクリート三階建ての洋館には、螺旋階段の塔がすっくと立っている。設計に心ゆくまで趣向を凝らした、斬新でモダン、青山自慢の別荘であった。とくに庭の設計には力を注いだという。目の前に開けた海の眺めを、青山はこよなく愛し、毎夏をこの別荘で過ごした。

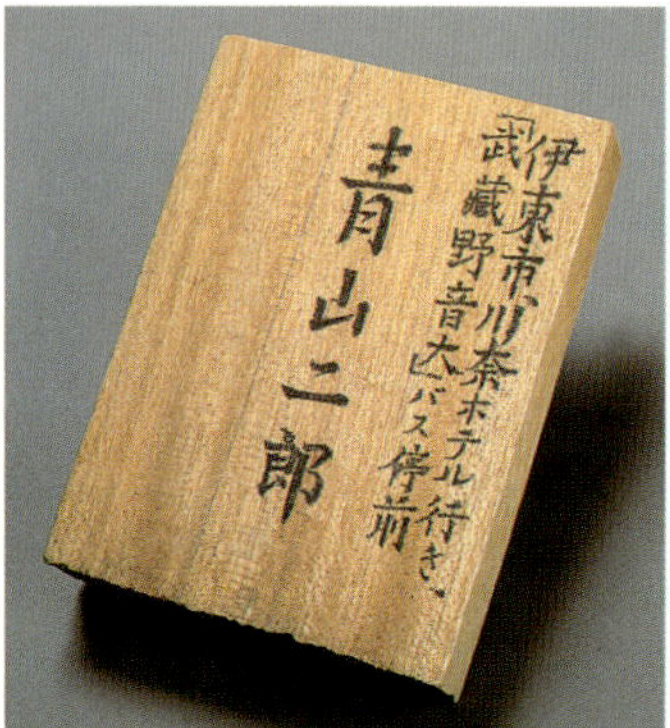

現在のたたずまいと周辺の眺望。主は変わっても、螺旋階段のランドマークと素晴らしい眺望は健在だ

ものづくりに理解ある人

設計者 小池義彦

青山が建築設計を委ねたのは、地元の建築家の小池義彦さんだった。当時まだ二十代。「その後、伊豆高原などでずいぶん設計しましたが、これは記念すべき別荘建築第一作でした」。完成まで一年かけ、その間東京で打ち合わせを重ねた。「銀座のバーにも連れて行ってくださって、軽妙な洒落のきいたお話をされました」。自身が創作者である青山は、ものづくりに対して理解が深かったという。小池さんは、螺旋階段を作ってランドマークとし、眺望を最大限に生かした斬新な建築を実現。外壁はオレンジ色、大きな窓や広い屋上も設けて、南欧リゾート感覚の別荘となった。

ジィちゃん、写真に凝る

上と左頁下は、青山が撮影した作品の一部。おもに風景と和子夫人が、好みの被写体だったようだ。下は一眼レフを構える青山。好きな写真家は木村伊兵衛だった

冬に志賀高原へ出かけるようになった昭和三十五年頃から、青山二郎はカメラに夢中になった。骨董、本のデザイン、絵、建築……美に関するものすべてに凝り性のジィちゃんが、写真に凝らないはずはない。スキー場では雪山ばかりカラースライド五百枚を撮影。油壺では、外国人の大型ヨットなどを被

撮影したスライド写真は、ラベルを美しく貼った箱に入れ、専用の引き出し十数段にきっちりと収めた。カメラを弄ること、撮影することだけでなく、分類整理にも、青山らしい美学と凝り性ぶりを発揮した

写体にフィルム十本二十本すぐに使い終える。箱根へのドライブでは車内から百数十枚も撮影し、半分以上がブレていた。そのブレ具合に写真の「味」を感じたのだろう。一眼レフを弄り、撮って撮りまくったジィちゃんは、ブレているのもいないのも含めて、膨大なフィルムを残したのであった。

青山二郎にとっては写真も余技だが、昭和三十五年に書いた「六十の処女『色』——ニハカ写真狂の放言」は、辛辣かつ的を射た青山流写真論だ。「一口に、写真家には思想があると言ふが、私が言ひたい被写体とは肉眼で見えないもの、カメラに写らないもの、それを肉眼で発見してカメラに捕へるものが被写体である」などとズバリ言う。対象（被写体）に美を見出す鑑識眼をもつ青山らしい言葉であり、現代の写真論としても充分通用するのではないだろうか。

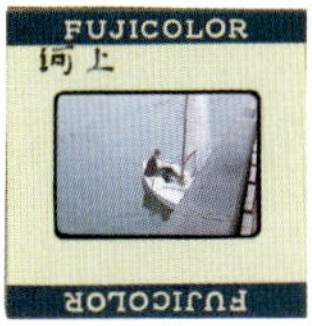

「百日突ツつく」風景画

左は、昭和38年頃、新潟・新津の石﨑重郎（右）宅で談笑する青山（左）。石﨑家は、青山の最初の妻、野村八重の弟茂の妻の実家で、青山との交流が長く続いていた。二人の間に掛けられた絵が上の油彩画。青山の昭和30年代の作品

中学生時代から絵画に興味を持ち始めた青山は、二十歳頃には中川一政から本格的に絵を習ったという。余技として油絵を描き始めたのは、五十代になってからのようだ。青山の絵筆になる油彩画はいま数点が残っているが、そのすべては、雲のたなびく空、月の昇った空、畑や湖、林や草原が描かれた「風景画」だ。表に出かけて写生するのではない。青山にとって、「自然を写生して見ても、自然といふものは漠然としてゐて何も無いのである」（「素人画について」）。だから全部空想の景色を描くのだと言う。どうやって描くのかというと、「調子のいいタッチ、利口さうに見える構図、さういふ偶然、早く言へば芸術的な効果を一切洗ひ流さうとして、わざと百日突ツついて、突ツつき壊すのである。何うにも恁うにも成らなくなつた処で、画が出来上る」（同前）。そういう絵は、一枚完成するのに百日掛かる。一枚で描ききれずに、二枚に描き、三枚続きの絵になることもあった。成り行き任せ、絵具を幾重にも塗り重ね、構図に何度も手を入れた油彩画は、どことなく奇妙な風景に感じられる。しかし、現実と空想を行き交いながら、青山の眼が創り上げた世界は、輪郭も色彩も明確で潔い。

昭和30年代作の海の風景。3枚続きの作品だが、最初から連作のつもりで描いたのではなく、描いていくうちに3枚になった

昭和30年代、未完の作品という。もし完成されたら、月下に道が果てなく続くさまは、どういう絵になっていただろうか

林の向うに青い空と海が広がる、明るい作品。昭和30年代の作

「清君」が語る青山二郎

自分の絵は「全部空想である」と、青山二郎は「素人画について」で言っているが、現在残る油彩画のうち一点は、ある場所からのスケッチであることが、最近わかった。その一枚とは、青々と水をたたえる入江に、左右から森が迫る絵画。青山の最後の夫人、和子さんの弟である福留清彦さんによれば、それは三浦半島、油壺の景色という。

福留さんの暮らす油壺のとあるボートハウスに行ってみると、絵のとおりの風景が、目前に広がっていた。入江にせり出した木々は、絵と比べてかなり成長しているが、構図は全く同じだ。

「その絵を描いていた昭和三十一、二年頃、ジィちゃんはうちに来ては、ゴロゴロしたり、三崎の方へ気に入りの中華料理屋や寿司屋に行ったりしていました」と福留さんは振り返る。

青山は子供の頃から水泳が得意で、戦前からヨットに乗っていた。海が大好きな青山は、夏ともなれば、和子夫人の運転する車に乗って福留さんを訪ねてきた。「ジィちゃんはスウェーデン製のドラゴン号というレース用ヨットを買って、知り合いの立教大学ヨット部に使わせてレースに出場したこともありました。オリンピックの最終予選まで進んだんです」。福留さんは懐かしそうに語る。「その油壺の絵は、多分、ここではスケッチだけですね。持って帰って絵具を塗り重ねたんでしょう。その頃は水産高校のヨットが置いてあったから、それを一艘、描いたのかな」。

福留さんは少年の頃から、青山に「清ちゃん」と呼ばれ、可愛がられていた。その様子は青山のエッセイ「縁は異なもの」に詳しい。青山の縁で「壺中居」に勤めていた頃は、「わざと全速力で自転車を走らせる。巡査が追つて来て、一遍も捕つたことがない。それだから大事な瀬戸物はこはれる、自転車が二タ月持たなかつた」などと、青山は面白がって〝暴露〟している。福留さんは「李朝の壺が千五、六百円の頃。安いから箱なんかない。風呂敷に包んで自転車をビューッと飛ばすんですから、すれ違ったトラックにぶつかって、ガシャン、ジャラジャラ。あー、もうごめんなさい、ですね。その時は髪の毛を剃られました」と笑う。

青山二郎とは、どんな人だったのだろう。「人を見抜く眼がすごい。たとえば三崎の寿司屋でも中華料理屋でも、おやじさんの魅力をすぐさま見抜いちゃう。人のいいところを引き出すのがうまいんですね。悪いやつは悪いやつと知りながら、いいところだけを見て付き合う。人の悪口は絶対に言わなかったですね」。そんな青山を福留さんは「僕も大好きでしたよ」と言う。そして、「いっぱい寄り道したけど、僕は青山二郎の世界を回っていた」と、ふと口にした。

福留さんにとって、かけがえのない思い出の詰まった油壺の絵。青山にとっても、楽しい夏をリアルに描き出した、特別な一枚であったはずだ。

上は、昭和三十年代、青山が描いた油壺の風景。大好きだったヨットが水面に浮かんでいる。下は、青山が眺めたであろう場所から見た、今の風景。静かな入江の景観は、青山が夏を過ごした四十年前と変らない

年譜

年	満年齢	
一九〇一年（明治34）	0	六月一日、青山八郎右衛門、きんの次男として、東京市麻布区新広尾町（現港区）に生まれる。家は資産家で、曾祖母姉妹や母親に溺愛されて育つ。
一九〇九年（明治42）	8	飯倉小学校に入学。小学校時代、水府流の泳ぎを学び、三浦三崎で毎夏を過ごす。
一九一四年（大正3）	13	麻布中学校に入学。絵画に興味を持ち、絵を描き始める。
一九一五年（大正4）	14	やきものに興味を持ち始める。
一九一九年（大正8）	18	日本大学法学科に入学するが、ほとんど通わず、奥田誠一主宰の「陶磁器研究会」に参加するため東京帝大に出入りする。
一九二一年（大正10）	20	中川一政に本格的に絵を習う。骨董の収集にも夢中になり、文学書や哲学書を読みあさる。
一九二四年（大正13）	23	柳宗悦の甥、石丸重治宅で小林秀雄と出会う（石丸と小林は府立一中の同級生）。宗悦と頻繁に会い、朝鮮のやきものへの興味を深める。石丸の主宰する同人雑誌「山繭」の創刊に参加、以降、しばしば詩文を発表する。
一九二六年（大正15・昭和元）	25	柳宗悦らと日本民芸美術館の設立準備に関わる。野村八重と結婚、麻布一之橋に新居を構える。新婚旅行先の京都で柳宗悦、河井寛次郎を訪ねる。
一九二七年（昭和2）	26	妻・八重が肺結核のため死去。横河民輔の中国陶磁コレクションの図譜『甌香譜』作成を委託され、選定を始める。
一九三〇年（昭和5）	29	河上徹太郎、永井龍男と出会う。中国行きの計画で朝鮮に渡るが、満州事変前の情勢で断念。朝鮮陶磁研究家の浅川伯教を知る。武原はんと結婚。麻布一之橋の新居に小林秀雄、河上、永井ら文学仲間が頻繁に集い、「青山学院」と称される。
一九三一年（昭和6）	30	自著『陶経』限定五〇部を刊行。直木三十五著『南国太平記』を装幀（初の装幀）。五年越しの仕事となった『甌香譜』を刊行。中原中也を知る。晩翠軒の出資で朝鮮に渡り、李朝陶器や工芸品を買い集める。
一九三二年（昭和7）	31	「朝鮮工芸品展覧会」を晩翠軒にて二度にわたり開催。倉橋藤治郎との共編『呉州赤絵大皿』『古九谷』刊行。赤坂台町に転居。この頃北大路魯山人、秦秀雄らと親交を深める。

Jiro Aoyama 1901~1979

一九三三年（昭和8）　32　『浜田庄司陶器集』監修。母・きんが死去。四谷区花園町の花園アパートへ転居。

一九三四年（昭和9）　33　武原はんと離婚。

一九三六年（昭和11）　35　創元社の顧問となり、以降、多くの装幀を手がける。

一九四二年（昭和17）　41　疎開のため伊東へ、以後七年間を過ごす。中山義秀の結婚披露宴で宇野千代を知る。

一九四三年（昭和18）　42　小林秀雄、島木健作らとともに古美術鑑賞の会「むぎわら倶楽部」を設立。
「利久伝ノート」を書き始めるが未完。

一九四四年（昭和19）　43　服部愛子と結婚。

一九四六年（昭和21）　45　白洲正子を知る。「創元」に「梅原龍三郎」を発表。『支那陶器図譜』刊行。

一九四八年（昭和23）　47　服部愛子と離婚。「創元」に「富岡鉄斎」を発表。

一九四九年（昭和24）　48　伊東を離れ、五反田の坂本睦子のアパートに身を寄せる。

一九五一年（昭和26）　50　父・八郎右衛門が死去。麻布二之橋に転居。「ピカソの陶器」を「芸術新潮」に発表。

一九五二年（昭和27）　51　『眼の引越』刊行。

一九五三年（昭和28）　52　「バアナード・リーチ」、「北大路魯山人」を「芸術新潮」に発表。

一九六〇年（昭和35）　59　志賀高原に旅行、以降毎冬を過ごす。カメラに夢中になる。福留和子と結婚。

一九六二年（昭和37）　61　「唐九郎を〝鑑定〟する」を「芸術新潮」に発表。

一九六三年（昭和38）　62　港区霞町のマンションに転居。

一九六四年（昭和39）　63　渋谷区神宮前のマンション、ビラ・ビアンカに転居。

一九七〇年（昭和45）　69　伊東市川奈に別荘を持つ。以降、川奈で毎夏を過ごす。

一九七三年（昭和48）　72　一人で志賀高原に滞在、長野の骨董屋を巡る。

一九七九年（昭和54）　77　三月二七日、死去。法名、春光院釈陶経。谷中の玉林寺に眠る。

協力者一覧（五十音順・敬称略）

福留正長

青柳恵介、青柳哲郎、石﨑青也、石﨑てる子、伊東健彦、井上繁雄、岡田千彦、片野恵介、加藤重高、加藤良作、唐澤昌宏、北大路和子、後藤康雄、小林昭雄、斎藤孝夫、桜井佐七、嶋田啓作、白洲明子、瀬津勲、筒井紘一、等々力孝志、野村恵美代、野村周史、濱田晋作、平野雅章、廣田豊、福留清彦、藤江淳子、牧山桂子、宮島格三、柳孝、横田伊三郎、横田透、吉田南都子

(有)えびな書店、(有)玉英堂、壺中居、瀬津雅陶堂、(株)前夜通信社、繭山龍泉堂、遊心堂

梅澤記念館、大阪市立東洋陶磁美術館、九州国立博物館、サンリツ服部美術館、世田谷美術館、東京国立博物館、中原中也記念館、日本民藝館、MIHO MUSEUM、大和文華館

撮影

野中昭夫（下記以外）、
飯田安国（p26上3点、p40〜41、p88、p102最下段、p106下3点、p114〜115）、
大屋孝雄（p30〜31、p46下、p47上右・下右、p51左）、
濱谷浩（p78〜79）、青山二郎（p120〜121のスライド6点）、
新潮社（p10の3点、p26下、p33、p89左、p107左3点、p117左）

写真提供

TNM Image Archives（p16上、p18、p19上、p21上2点、p22〜23、p28、p29上、p104上右）、
九州国立博物館（p20）、サンリツ服部美術館（p35）、
大和文華館（p43上）、
大阪市立東洋陶磁美術館（p44〜45）、
日本民藝館（p46上、p50下、p51右）、壺中居（p72）、
世田谷美術館（p90〜91）、
MIHO MUSEUM（p104下）、嶋田啓作（p110左）

ブックデザイン

大野リサ・川島弘世

◇本文中、青山二郎の引用文は、ちくま学芸文庫『青山二郎全文集 上・下』を元にしました。白洲正子については新潮社『白洲正子全集』、小林秀雄は新潮社『小林秀雄全集』、宇野千代「青山二郎の話」は中公文庫『青山二郎の話』から引用しました。

◇本書収録の写真で撮影者が明らかでなく、連絡のとれないものがありました。ご存じの方はお知らせ下さい。

◇お名前を記載できなかった所蔵者の方々に、深く感謝申し上げます。

とんぼの本

天才《てんさい》 青山二郎《あおやまじろう》の眼力《がんりき》

発行 2006年8月25日
3刷 2006年9月25日

編者 白洲信哉《しらすしんや》
発行者 佐藤隆信
発行所 株式会社新潮社
住所 〒162-8711 東京都新宿区矢来町71
電話 編集部 03-3266-5611
読者係 03-3266-5111
http://www.shinchosha.co.jp
印刷所 錦明印刷株式会社
製本所 加藤製本株式会社
カバー印刷所 錦明印刷株式会社

乱丁・落丁本は、ご面倒ですが小社読者係宛お送り下さい。
送料小社負担にてお取替えいたします。
価格はカバーに表示してあります。

ISBN4-10-602146-3 C0370